# АҲМАД ЗАКИ ВАЛИДИЙНИНГ ДИНИЙ-ФАЛСАФИЙ ҚАРАШЛАРИ

# RELIGIOUS AND PHILOSOPHICAL VIEWS OF AHMAD ZAKI VALIDI

## МУМИНЖОН ХУЖАЕВ
### MUMINJON KHOJAYEV

© Taemeer Publications LLC
**Religious and Philosophical Views of Ahmad Zaki Validi**
by: Muminjon Khojayev
Edition: September '2023
Publisher:
*Taemeer Publications LLC* (Michigan, USA / Hyderabad, India)

© Taemeer Publications

| | | |
|---|---|---|
| Book | : | Religious and Philosophical Views of Ahmad Zaki Validi |
| Author | : | Muminjon Khojayev |
| Publisher | : | Taemeer Publications |
| Year | : | '2023 |
| Pages | : | 160 |
| Title Design | : | *Taemeer Web Design* |

ТОШКЕНТ 2023

ЎЗБЕКИСТОН ХАЛҚАРО ИСЛОМ АКАДЕМИЯСИ

*Ушбу монографияни биринчи устозим, отам Хужаев Исохон Мусохонович ва устозим Абдураҳмонов Муҳаммаджон Абдураҳмоновичларнинг хотираларига бағишлайман.*

**МУМИНЖОН ХУЖАЕВ**

**АҲМАД ЗАКИ ВАЛИДИЙНИНГ
ДИНИЙ-ФАЛСАФИЙ ҚАРАШЛАРИ**

**ТОШКЕНТ-2019**

**Хужаев Муминжон Исохонович: Аҳмад Заки Валидийнинг диний-фалсафий қарашлари.** Монография. Т................: «                    » ...................., 2023, 155 бет.

**Маъсул муҳаррир:**
Фалсафа фанлари доктори, профессор И.Саифназаров

**Тақризчилар:**
Фалсафа фанлари доктори, профессор М.Қаххарова
Тарих фанлари доктори профессор Қ.Ражабов
Фалсафа доктори (PhD), доцент И.Суванов

Юртимизнинг шонли тарихидаги энг табаррук шахслар бўлган жадидларнинг ҳаракати ўрганилар экан, уларни юрт мустақиллиги, миллат маънавияти ва маданияти, ўзбек фарзандларини маърифатли қилиш йўлида фидо бўлганликларини, уларнинг илғор ғоялари мустақиллик туфайли рўёбга чиқаётганлигини турли илмий далиллар билан кўрсатиб бериш долзарб масалалардан ҳисобланади. Шу нуқтаи назардан қараганда, туркий халқларнинг диний-фалсафий ўз илмий қарашлари билан бой мерос қолдирган. Бошқирд халқининг қаҳрамони зиёлилар наслидан бўлган Аҳмад Заки Валидий дин, фалсафа, маданият ва тарих саҳнасида ўзига хос из қолдирган маърифатпарвар жадидлар етакчиси ҳисобланади. Заки Валидий Чор Россияси билан мақсадлари бир-бирига зид бўлганлиги сабабли унинг Бошқирд халқининг озодлиги йўлида қилган сиёсий ташаббускорлиги етарли даражада тадқиқ қилинмаган. Заки Валидий туркийлар тарихига ва миллат тараққиёти учун ўзининг керакли хулосалари, таклиф ва тавсияларини эркин ифода этганлиги билан характерланади.

Монография олий ва ўрта махсус ўқув юртларининг ўқитувчилари, илмий ходимлари, тадқиқотчилари ва талабаларт ҳамда ушбу мавзуга қизиқувчи кенг китобхонларга мўлжалланган.

Мазкур монография Ўзбекистон халқаро ислом академияси Кенгашининг 2019 йил 28 декабрь 5-сонли қарори билан нашрга тавсия этилган.

*Ушбу монографияни биринчи устозим, отам Хужаев Исохон Мусохонович ва устозим Абдураҳмонов Муҳаммаджон Абдураҳмоновичларнинг хотираларига бағишлайман.*

## КИРИШ

Дунёда глобаллашув шароитида ёшлар маънавий-аҳлоқий қиёфасига салбий таъсир кўрсатаётган деструктив омилларни бартараф этишда миллий, диний ва умуминсоний илмий мерос имкониятларидан унумли фойдаланиш долзарб аҳамиятга эгадир. Шу боисдан ҳам инсоният маънавий ҳаётидаги туб ўзгаришлар янги диний-фалсафий парадигмаларни яратиш эҳтиёжини юзага келтирмоқда. Жаҳон цивилизациясида муҳим ўрин тутган алломларнинг замонавий муаммоларнинг ечими сифатидаги концептуал ғоялари бугунги кунда тараққиётга тўсқинлик қилаётган салбий иллатларнинг олдини олишга, уларга қарши маънавий курашни илмий асослашга хизмат қилмоқда. Айни шу маънода, таниқли шарқшунос олим Аҳмад Заки Валидий асарларидаги маданиятлараро мулоқот, диний бағрикенглик ва миллатлараро тотувликка оид ёндашувни янги илмий мезонлар асосида тадқиқ қилиш долзарб аҳамият касб этмоқда.

Жаҳон миқёсида барқарор тараққиётни таъминлашга салбий таъсир кўрсатаётган ақидапарастлик, миллатчилик, волюнтаризм (табиат ва жамият қонунларини инкор этиб, фақат хоҳиш-истакларни инобатга олиш)нинг келиб чиқиши, тарқалиши, уларга қарши курашда турли илмий, илмий-фалсафий манбалардан унумли фойдаланиш бўйича чуқур тадқиқотлар амалга оширилмоқда. Мазкур муаммоларни ечими сифатида таълим тизимини ислоҳ қилиш орқали фаровонлик ва барқарор ривожланишни таъминлаш, ижтимоий онгда диний ва миллий бағрикенгликни шакллантириш масалаларига оид асосли илмий ғоялари илғор файласуф олимлар томонидан илгари сурилмоқда. Аҳмад Заки Валидийнинг концептуал аҳамиятга эга фикрлари – халқ маърифати, маданиятлараро мулоқотни йўлга қўйишнинг зарурлиги, туркий халқларнинг диний-фалсафий ва илмий меросининг муштараклиги ғояларининг гносеологик аҳамияти фалсафа фани ривожи учун қимматли манба сифатида тадқиқ этилмоқда.

Ўзбекистонда тарихий тараққиёт давомида шаклланган миллий ва диний қадриятларимизни асраб-авайлаш, дунё илм-фани ва маданияти ривожига улкан ҳисса қўшган аждодларимизнинг илмий меросини тарғиб қилиш, ўрганиш асосида ёшларни комил инсон сифатида камолга етиши барқарор ижтимоий-маънавий муҳитни таъминлашнинг шартларидан бири «ислом ва жаҳон цивилизациясига бебаҳо ҳисса қўшган аждодларимизнинг бой маданий меросини чуқур ўрганиш асосида ёшларнинг онгу тафаккурини шакллантириш»[1] мамлакатимизда устувор вазифа эканлиги белгилаб берилди.

Аҳмад Заки Валидий илмий, диний-фалсафий меросининг илмий-концептуал таҳлили шуни кўрсатадики, бу соҳанинг баъзи жиҳатларини тадқиқ қилиш бўйича турли даврларда бир қанча йўналишларда тадқиқотлар олиб борилган. Аҳмад Заки Валидийга файласуф сифатида иккита асосий хусусият хосдир: а) турли халқларнинг тарихий-маданий хизматини ва айрим шахслар фаолиятини баҳолашда уларнинг иркий, диний идентиклик (мансуб)лигига қараб эмас, барча халқларга нисбатан ҳурмат билан қарашга асосланган объективлик; б) этнология, этнография ва этнометодология соҳасида воқеа ва ҳодисаларни қиёсий таҳлил асосида ўрганиш; в) турли халқлар ва диний гуруҳлар учун хос бўлган ўхшашлик, параллеллик ёки зиддиятларни ахтариб топиш.

Биринчидан, ўша давр ижтмиоий-сиёсий муҳит ва диний-маърифий қарашларни танқидий нуқтаи-назардан ўрганган

---

[1] Ўзбекистон Республикаси Президенти Ш.М.Мирзиёевнинг 2018 йил 16 апрелдаги «Диний-маърифий соҳа фаолиятини тубдан такомиллаштириш чора-тадбирлари тўғрисида»ги Фармони. http://uza.uz/-16-04-2018.

М.Бехбудий [5;7.], О.Шараф [5;8.], А.Диваев [7;34], А.Н.Самойлович [7;33.] каби олимлар Аҳмад Заки Валидийнинг илк илмий тадқиқот ишларини юқори баҳолаб, айниқса, олимнинг Шарқ қўлёзма асарларидан мукаммал фойдаланганликларини алоҳида таъкидлашган. Шунингдек, Д.Ю.Юсупова, Р.П.Джалилова, [4;24.], А.Н.Кононов [7;36.] олимнинг манбашунослик соҳасидаги ишларига алоҳида тўхталганлигини қайд қиладилар.

Иккинчидан, Аҳмад Заки Валидий томонидан кўтарилган масалаларнинг долзарблиги, туркий халқларнинг маънавий, тарихий, диний-фалсафий меросини ўрганишда ўзига хос манба хос манба эканлигини таниқли тарихчи археолог олим В.В.Бартольд [7.35;] концептуал-методологик асосда тадқиқ этилишини кўрсатиб ўтган.

Учинчидан, Аҳмад Заки Валидийнинг яқин Шарқ ва Ўрта Осиё халқлари маънавияти ҳақида олиб борган илмий сафарлари (1913-1914 й) ва Туркистон тарихи методологияси ва этнографияси ҳақида тадқиқот олиб борганлиги тўғрисида, унинг шарқшунослик, тарихшунослик ва исломшунослик соҳасидаги меросини ўрганишда хориж олимларидан Ф.Бергдольт, [7;4.], Х.Паксой [7;7], А.Инон [7;3], Г.Янски [7;2.], С.Есин [7;5.], А.Юлдашбаев [7;40., 7;50., 7;51.], С.Н.Иванов [7;52.], Т.Бойқаро [7;30., 7;46.], А.Г.Салихов [7;1.,7;47.,7;48.], Р.Р.Газизов [6;3.], Г.Хусаинова [7;39.], Г.Н.Ишбердина [6;2.], М.Кульшарипов [6;4., 7;38.], И.Насиров [7;32]лар ўзбек олимларидан А.Мухтор [5;1.], Б.Қосимов [5;5., 5;6., 4;5.,4;21, 4;22.], М.Абдурахмонов [4;1., 4;2., 6;1.], Н.Жўраев [4;15.], А.Зохидов [4;2.], Ф.Н.Журакулов [6;6.], Қ.Ражабов [4;26., 4;27], Р.Шигабуддинов [5;2., 5;3., 5;4.]ларнинг, диссертация, асарлари ва илмий мақолаларида баён қилинган.

## I.БОБ. АҲМАД ЗАКИ ВАЛИДИЙ ЯШАГАН ДАВРНИНГ МУТАФАККИР ДИНИЙ-ФАЛСАФИЙ ИЖОДИГА ТАЪСИРИ

Мамлакатимизда олиб борилаётган ижтимоий-иқтисодий ислоҳотларни чуқур таҳлил қилиш ва тушуниш учун янгича фикрлаш ва дунёқарашга эга бўлиш муҳим ҳисобланади. Зеро, инсон ўз эркин тафаккури билан олам билан боғлиқ эканлигини чуқур англайди. Фан, техника ва инновацион ғоялар ривожланиб борган сари унда фалсафий умумлашмаларга бўлган эҳтиёж ҳам кенгаяди, чуқурлашади. Бу эса, инсониятнинг кўп асрлик тарихий тараққиёти жараёнида шаклланган ақл-заковатининг етук маҳсули бўлган Ислом дини ва фалсафаси манбаларини чуқур, илмий ўрганиш, уларни ривожлантиришни тақозо этади. Зеро, Ислом дини ва фалсафаси миллий мафкуранинг муҳим манбаларидан биридир.

Шу боисдан, миллий ғоянинг асослари, тамойил ва йўналишларини илмий таҳлил қилиш учун замонавий туркий мусулмон фалсафий тафаккурининг кўзга кўринган вакили фалсафа фанлари доктори, профессор Аҳмад Заки Валидий Тўғон диний-фалсафий меросини махсус фалсафий илмий ўрганиш файласуфлар олдида турган долзарб вазифадир. Зсро, Аҳмад Заки Валидий Тўғон асарларидаги мутафаккирнинг шахсияти, илмий-ижодий фаолияти ва эришган ютуқларига тегишли янгидан-янги қирраларга илм аҳлининг диққат-эътиборини жалб этиш, қолаверса, миллий ва умуминсоний хусусиятга эга бўлган исломий қадриятларни ўзида мужассам этган бой фалсафий меросини холисона ўрганиш бугунги кунда фанимиз олдида турган долзарб муаммолардан биридир. Шу боисдан ҳам ушбу бобда Аҳмад Заки Валидий Тўғон яшаган даврдаги ижтимоий-сиёсий вазият, маънавий-маърифий муҳитни бугунги кун вазифалари билан боғлиқ ҳолда таҳлил этиш, диний-фалсафий меросининг илдизларини тадқиқ қилиш ҳамда унинг диний-фалсафа соҳасидаги янги топилмалари ва унинг илмий-фалсафий жиҳатдан ўрганиш ва олимнинг асарларида мусулмон Шарқи ва Ғарбининг маданий-маънавий ва диний алоқаларини фалсафий нуқтаи-назардан асослашга алоҳида эътибор берилган.

## 1.1. Аҳмад Заки Валидий яшаган даврдаги ижтимоий-сиёсий вазият

Чор Россиясида февраль инқилобининг рўй бериши ва чор ҳокимиятининг фалажланиши билан Заки Валидий Тўғон ўзининг пировард сиёсий мақсади мустақил давлатни барпо этиш ғоясини амалга оширишга киришди. Лекин, миллий озодлик ҳаракатнинг кучли ва бирлашган партия ё ташкилотга эга бўлмаганлиги ҳамда халқ оммасини ҳали уйғота олмаганлиги сабабли, унинг мустақил ўзбек давлатини барпо этиш режаси рўёбга чиқмади. Ҳали оёққа туриб улгурмаган ёш Туркистон мухториятини шўролар давлати кўп ўтмасданоқ парчалаб ташлади.

Жадидчилик ҳаракати ва унинг намояндаларини ёқтирмаган большевиклар бу ҳаракатни фақат маърифий ҳаракат деб баҳолаган ва уларни сиёсий калтабинликда айблаб келган эдилар. Жадидчилик ҳаракатининг улкан арбоблари ва ташкилотчиларидан бири Мунавварқори Абдурарашидхонов 1927 йилда ёзган мақоласида большевиклар қўйган бу айбга: «Чор ҳукуматини йўқотиш жадидларнинг тилагида бор эди. Сиёсий вазифамиз ва мақсадимиз ҳам шундан иборат бўлиши яширин эмас. Наинки, биз жадид мактаби очиш билан савдо хизматчилари, бошқача таъбир билан айтганда, дўконда ўлтириб насия ёзадурғон ходимлар етказсак. Бу ишга ақлли одам шу баҳони беришда у ёқ, бу ёқни мулоҳаза қилсун», [4;16-3-б] деб жавоб ёзган эди.

Жаҳон тарихчиси, шарқшунос, исломшунос, жадид, туркий тилшунос ва файласуф олим Аҳмад Заки Валидийнинг ҳаёти ва ижодини ўрганар эканмиз олимнинг тарих, фалсафа, Ислом илмида ниҳоятда улкан мерос қолдирганлигининг гувоҳи бўламиз. Валидийшунос олим М.Абдураҳмонов мутафаккир шахсияти ҳақида қуйидагича маълумотларни келтириб ўтади: «Аҳмад Заки Валидий Бошқирдистон Республикасининг Ишимбой райони (Собиқ

Стерлитамак уезди)нинг Кузен овулида Аҳмадшоҳ Валид ўғли Кузанов диндор, маърифатпарвар ва ўз даврининг зиёли оиласида 1890 йил 10 декабрда таваллуд топди. У бошланғич таълимни отаси ва тоғасининг Утякдаги мадрасасида, шунингдек Уфа шаҳрида ва Қозондаги «Усмония», «Шаҳобиддин Маржоний», «Қосимия» мадрасаларида таҳсил олади» [4;2-4-б]. Айни шу оилавий шарт-шароит Валидийнинг дунёқарашини юксалишида устувор аҳамият касб этган.

Валидийнинг илм-фанга бўлган қизиқиши ёшлигидан бошлаб шаклланган. Аҳмад Заки Валидий отасини мадрасасида дарс бериб юрган вақтида бир хонани «лаборатория»га айлантирганлигини ёзади. Уйи билан мадраса орасида морзе (телеграфнинг бир тури) ишлатганлигини, мадраса талабаларига илми ҳайъат яъни, астрономиядан дарс берганлигини ва бу дарсларда Фламариондан ва Ҳусайн ал-Жиср номли суриялик (Надим Ҳусайн ал-Жиср Лубно (Ливан) асарларидан фойдаланганлигини алоҳида қайд этади. У ҳатто XX асрнинг 60-йилларида Имом ал-Бухорий мақбараси зиёратига келганлигини ҳам эсга олади. У ўз асарларини ёзишда Имом ал-Бухорий асарларидан самарали фойдаланганлигини тан олади. Шунингдек, дарсларни Аҳмад ва Саид исмли икки кишининг савол-жавоби шаклида ёзади: «Заки Валидийни отаси билимли кишилар қаторида ўқиб ўрганиши учун алоҳида эътиборда бўлган тўрт чақирим масофада Кузендан Бужа овулигача геометрия илмини яхши эгаллаган Ҳизр Мулладан геометрия ва Улуғбек астрономияси фанларидан таҳсил олган. Устози вафотидан сўнг, унинг усули билан масжидлар қурилишида Каъбани йўналишини олган билими орқали белгилаб беради» [7;30-3-б].

Шу йили Валидий физика фани билан ҳам шуғулланади. Заки Валидий ёзган биринчи илмий асари ўз даври учун янгилик эканлиги учун талабалар ҳам катта қизиқиш билдирганлиги, лекин бу китобда келтирилган маълумотга кўра отаси Ернинг айланишига ишонмаслиги сабабини алоҳида таъкидлаб ўтади. Валидий буни исботи учун глобусни каттароғини ясайди ва Қуёш атрофида Ернинг айланишини кўрсатиш учун талабаларга қоронғу хонада чироқ атрофида айлантириб кўрсатади. Глобусни ясаш учун елим ўрнида хамир ишлатади. Валидий афсус билан ёзади: «Ёзда мадрасадаги хонамга қўйилган бу глобусни сичқонлар еб, менинг шунча меҳнатим бекор кетди». Отам бундан хурсанд бўлиб «Ернинг айланишига сичқонлар ҳам ишонмайди», деб қотиб-қотиб кулган эди» [7;28-35-б],- деб хотирлайди.

Амир Юлдашбаев алломанинг тил билиш имкониятлари ҳақида қуйидаги фикр-мулоҳазаларни билдириб ўтади: «Валидий олти-етти ёшлариданоқ араб, форс ва рус тилларини ўргана бошлайди. Араб ва форс тиллари Шарқ тиллари бўлгани учун Шарқ тарихи ва адабиётига қизиқиши ортади ва шу орқали рус шарқшунос олимлари асарлари билан ҳам таниша боради» [7;40.]. Бунинг ўзига яраша сабабларидан бири Валидийнинг отаси ҳарбий хизматни ўтаётганида, рус тилини яхши билмаганлиги туфайли кўп азоб чекади ва албатта, ўғилли бўлса, аввало унга рус тилини ўргатишни кўнглига тугиб қўяди.

Заки Валидийнинг Уфа ва Қозонги таҳсили даврида ўзининг ижодий фаолиятининг бошланғич даври бўлиб, унинг дастлабки илмий мақолалари жадид маърифатпарварлиги ғояларига ҳамоҳанг тарзда ўша даврнинг ислоҳчи матбуоти «Таржимон», «Шўро», «Мактаб», «Маржоний», «Вақт», «Суюмбека», «Юлдуз», «Турмуш» каби журнал ва рўзномалар саҳифаларида мунтазам эълон қилина бошланди.

Заки Валидий илк мақолаларини 1908 йилдан бошлаб Астраханнинг «Идель» газетасида чиқара бошлайди. Газетанинг муҳаррири Абдураҳмон Гумеров тоғасининг шогирди бўлган ёш олим Валидий «Мурод Афанди ва машҳур олим Маржоний» тўғрисида мақола ёзади (1908 йил 30 январь, 3 февраль). Мақолада ёш олим Мурод Рамзийнинг фикрларига қарши чиқади. Яъни, Шаҳобиддин Маржонийнинг китоби «Қозон ва Булғор татар ҳукмдори тарихининг кўчирмачилик гувоҳлари»ни ва ундаги хулосавий фикрларида Мурод Рамзий жаҳолатпараст» [7;48-32-б], деган хулосага келишдан ташқари Заки Валидий Шарқда VI-XIX асрларда мазкур илм билан шуғулланганларнинг Ислом маданиятига қўшган ҳиссаси, ижоди ва ҳаёти тўғрисида библиографик тўплам яратади. «Тўпламда Шаҳобиддин Маржонийнинг илмий меросини баҳолаб, «Мустафад ал-ахбор фил-аҳволи Қозон ва Булғор» асарини жуда керакли эканини алоҳида таъкидлайди» [7;48.]. Умуман олганда ёш олим Маржонийнинг асарларини 1906-1907 йиллардан бошлаб ўрганади. Шунингдек, Шаҳобиддин Маржоний Мовароуннаҳр аҳолисининг ижтимоий аҳволи ҳақида ўзининг «Аълаам абнаъ-уд-даҳр ё аҳволи Мовароуннаҳр» («Мангу давр ёхуд Мовароуннаҳр аҳолисининг аҳволи тўғрисидаги хабарлардан кўчирма») номли араб тилидаги асарини ёзади. Унинг саккиз жилдлик араб тилида битилган бошқа «Вафият ал-аслоф ва таҳият ал-ахлоф» («Аждодларга таъзиянома, авлодларга васиятнома») номли йирик асари мусулмон Шарқининг VI-XIX асрлардаги фани ва маданияти намоёндалари ҳаёти тўғрисидаги бой манбашунослик маълумотларидан ва уларнинг асарларидан таркиб топган эди. Шаҳобиддин Маржонийнинг араб тилидаги «Ғурфат-ал-ҳавоқин ли-арфот ал-ҳавоқин» («Улар ҳаётини билиш учун ҳоқонлар қароргоҳи») номли мақоласини В.Радлов рус тилига таржима қилиб, чоп эттирди. Шаҳобиддин Маржонийнинг «Мустафод ал-ахбор фил аҳволи Қозон ва Булғор» («Қозон ва Булғор тўғрисидаги маълумотлардан фойдаланиш») номли саккиз жилдли фундаментал асарига бошқа материаллар билан бир қаторда, Олтин Ўрдадаги чингизийлар сулоласи ва Марказий Осиё тарихига бағишланган яхлит бўлимлар киритилди.

Заки Валидий ўзининг Шаҳобиддин Маржоний тўғрисидаги китобнинг 1-бетидаги талқинида «Ўша даврларда Бухоро мадрасаларида 15 га яқин кутубхона мавжуд бўлиб, амир Насруллоҳ даврида бутунлай яксон қилиниб, эътибордан

четда қолганлиги таъкидланади. Самарқандда Маржонийнинг устози, 1849 йилда вафот этган қози Абу-Саид Самарқандийнинг кутубхонаси ўз тарихий мавзусига кўра энг бой кутубхона ҳисобланган. Ушбу кутубхонанинг бир қисми эндиликда самарқандлик шарқшунос ВЛ.Вяткиннинг қўлига ўтган» [8;3.], дея эътироф этади.
Валидийнинг тоғаси Ислом метафизикаси ва фалсафасига доир мадраса китобларига араб тилида шарҳлар ёзган.
Валидий тоғасининг араб адабиётидан таржима қилган «Қалйубий» латифалари ҳам бўлган. Ҳабиб Нажжор сиёсатдан ҳам хабардор эди. Тоғаси Ҳабиб Нажжор Туркиядан газета олиб келиб ўқир ва араб тилидаги диний-фалсафий, ахлоқий асарларни ўқиб ўз фикрини кейинчалик таҳлилий асарларида келтириб ўтади.
Олимнинг отаси ҳайъат ва риёзиётни ўз замонаси даражасида билган ва бу масалада ўзига ягона муршид деб ҳисоблаган Имом Ғаззолийнинг қарашлари асосида бўлган. Ернинг айлана, Ойнинг Ердан кичик ва Ерга яқин, Қуёшнинг Ердан катта ҳамда Ердан узоқ эканига ишонар, Қуёш ва Ой тутилиши нима эканлигини билган. Бироқ, Ернинг қуёш атрофида айланишига ишонмаган. Валидий фикрича, Имом Ғаззолий қарашлари Птолемейнинг геоцентрик назариясига фикр билдирган. Отаси ўз ваъзларида Ғаззолийнинг «Иҳё ал-улум ад-дин» («Дин илмларини жонлантириш») номли китобидан ҳаяжон билан нақл қилган. Олимнинг диний қарашлари ўсишида отаси бу асарни ҳар кеча ётишидан олдин мутолаа қилишини айтади. Отасидан бу асар қандай қилиб инсонга ҳаяжон беришини сўраганда, отаси ҳаяжон берувчи, ҳам уйқуга элтувчи ўринлар борлигини айтган.
Валидий Имом Ғаззолийнинг такрорланган рақамларда ифодаланган вафот этиш тарихини (ҳижрий 505 йил, милодий 1111 йил) ўн ёшлигидан ўрганган. «Отаси Ғаззолий ёки Пайғамбаримиз Муҳаммад (с.а.в.) сингари 63 йил умр кўришни истаган. Бироқ, у большевиклар қўлида азият чекиб, 80 ёшдан ошиб вафот этади» [7;28-16-б], деб ёзади. Шу тариқа отаси аввал мансуб бўлган рус маданияти

муҳитидан узоқлашиш билан бирга маънавий ҳимояланган. Тоғаси Ҳабиб Нажжорнинг муҳити эса, тараққийпарвар бўлганлиги учун бу муҳит ёш олимни отасидан кўра кўпроқ тоғасига боғлаб, вақт ўтиши билан унинг фалсафий қарашларини шаклланишида тоғаси муҳим роль ўйнайди.

Заки Валидийга немис тили ўқитувчиси Риклицкий маслаҳат беради: «Тилларни ўргана туриб, араб, форс, турк тилларидаги асарларни немис таржималари билан солиштириш ва шу орқали тилнинг нозиклигини англаш керак эканлигини тушунтиради. Бу сўзларни профессор Н.Ф.Катанов таъкидлаган, яъни унга В.В.Радловнинг китобини ўқишни маслаҳат беради. Заки Валидий Маҳмуд Қошғарийнинг «Кутадғу билиг» асарини ўқиб уларни қиёсий ўрганиш натижасида олим «Бизнинг қўшиқларимиз ҳақида», «Шўро» журналида мақола ёзади. Бу мақола профессор Н.Ф.Катанов томонидан юқори баҳога сазовор бўлади» [7;41-14-б].

Валидий: «Зигмунд Фрейд билан кўришади. Ўша пайтда араб сайёҳи Ибн Фадланнинг қадимги ўғузларда жинсий муносабатга қараш бошқа мусулмонлар ва араблардан бутунлай фарқ қилиши ҳақида ёзганларини ўқиб, Геродотнинг қадимги скифларда жинсий муносабатларга оид ёзганлари билан солиштиради. Иккинчи сафар кўришганида буни Фрейдга айтади. Унга: «Сиз жуда муҳим ва қизиқарли илм ҳисобланган психоанализни асарларингизда ўз фалсафангизга айлантириш билан унинг тавсифида ёзган романларда аёлларнинг яланғоч баданини калит тешикларидан томоша қилганини уялмасдан ҳикоя қиладиган «пернерс» (йўлдан озган)лар ўқийдиган асар яратган бўласиз, дедим. Бу сўзларимдан унинг умуман жаҳли чиқмади. У мен билан бу мавзуда кўпроқ суҳбатлашгиси келарди. Бироқ мен Австриядан Германияга ўтиб кетганим туфайли у билан қайта кўришиш имкони бўлмади» [7;28-22-б], дея шундай хулосага келишимиз мумкин. Фрейд ва Валидийнинг бу хусусдаги фикрлари бу икки олимнинг бири Ғарб иккинчиси Шарқ менталитети нуқтаи назардан қарашлари эканлигидир.

Валидий мадрасадан қолган дарсларини отаси билан якунлаб, тоғасинининг Ўтакдаги мадрасасида араб тили ва адабиётини ўрганади. Тоғаси фарзанди бўлмагани учун Валидийга бошқа талабаларидан алоҳида ҳолда уйида сабоқ беради. Айниқса, «араб тили ривожи» деган маънони билдирувчи «баёни бадеъ» илмига ва донишмандларнинг, машҳур шахсларнинг ҳаётий ҳикояларига диққат билан аҳамият беради. Бу борада Валидий унинг мадрасасидан кетгунига қадар «араб тили ривожи» оид «Мутаввал» китобини ўқийди. Сиёсий масалаларга қизиқишини сабаби у ёшлик пайтлари,аниқроғи, 1904 йил Рус-япон уруши бошланганда Россиянинг мағлуб бўлишидан севинган тоғаси Истарлитамоққа бир отлиқ юбориб, келтирган телеграф бюллетенларини Валидийга ўқиши билан боғларди. Бу унинг рус тилини ўрганиб, масалалар билан шуғулланишига сабаб бўлди.

Валидий Ҳиндистон сафари вақтида Бомбейдаги бир масжидга кирганида «Қуръони Карим» билан Жалолиддин Румийнинг «Маснавий» китоби турганлигини кўради. Китобларни ўрганиб: «Жалолиддин Румий Қуръон Каримни яхши билгани боис ўзининг «Маснавий»сига янги ҳикоялар киритган. Бироқ, бу ҳикояларнинг тарихий ҳақиқатга мос ёки мос эмаслиги у учун муҳим бўлмаган. Фақатгина уларнинг маъноларига аҳамият берган» [7;28.]лиги тўғрисида ўз «Хотиралари»да келтиради.

Валидий Бомбейдалигида вақтини Муҳаммад Иқболнинг асарларини ўрганиш билан ўтказади. Олим Ҳиндистон мусулмонларининг Марказий қўмитасига борганда, унга Муҳаммад Иқболнинг шеърларини беришади. Гётенинг «Ғарбу Шарқ девони» номли асарига жавоб тариқасида ёзилган бу асарни немисларнинг файласуф олими Шарқ мутафаккирларининг фикрларига асосланиб таҳлил этади. Муҳаммад Иқбол шеърлари орасида Туркистонга бағишланган таъсирчан асарлар ҳам борлигини «Хотиралар»ида ёзиб қолдирган. Шунингдек, «Темурнинг сози бузилди, лекин оҳанги яшамоқда. Бу оҳанг Самарқанднинг бошқа бир сози-ила яна саҳнага чиқажак, деган комил ишонч билдириларди ва Иқбол Туркистонда яна бир бор бўрон кўтарилиши мумкин», - [7;28-448-б] деб ўйлайди. Лекин Шамс Табризийга қарши бир ҳаракат бўлишини сира истамайди: «Самарқанд заминидан яна бир Чингиз бўрони, сув тошқинлари кўтарилмаса, деб қўрқаман. Мутриб, Румий, устоз Табризий шеърларига баробар келадиган ғазал ва байтлар келтирса, жонимни унинг шеърияти ўтига тутиб иситир», - [7;28-448-б] дейди.

Исломшунос олим бўлиб етишишда рус тилини яхши эгаллаганлиги ҳам муҳим аҳамият касб этади. Валидий Пушкиннинг «Пугачёв қўзғолони» тарихи ҳамда «Қуръонга иқтибос» асари ва Муҳаммад Пайғамбар (с.а.в) ҳақида ёзган шеърларини, ўша пайтда адабий тил сифатида фойдаланадиган, чиғатой туркийсига таржима қилади. Бу таржималарни тоғаси диққат билан ўқийди. Рус шоири «Ваз-Зуҳа» сураси таржимасини асли билан солиштириб, Валидий сўзма-сўз таржима қилмаган. Лекин, баъзи иловалар киритган бўлса-да, суранинг маъносини кўпчилик мутасаввифларимиздан яхшироқ тушунтирганлигини таҳлилини келтиради

Сўнгра тоғаси Валидийга Пушкиннинг «Буюк Пётрнинг араби» асарини таржима қилдирди ва «Бу араб ўғли муҳаққак, Қуръон Каримни севади», [4;1] дейди. Шунингдек, тарихчи олим М.Абдураҳмонов: «Валидий тоғасининг Истанбулдан келтирган китобларини ўқигач, диний қарашлари шаклланишни бошлайди. Француз адиби Эрнест Ренаннинг, америкалик доктор В.Р.Дрэппернинг, олмониялик Артур Шопенгауэрнинг дин ва илмга оид асарлари тадқиқига бағишлаб Туркияда чоп этилган асарларни ва дин ҳамда Ислом ижтимоий масалаларига оид мисрлик Муҳаммад Абдо ва Фарид Важдий кабиларнинг араб тилидаги асарларини 16 ёшидан мутолаа қилиб тадқиқ қилади. Олимнинг Ренан ва Дрэпперга қарши ёзилган раддиялардан кўра асарларнинг аслини ўқишга иштиёқи пайдо бўлади» [4;1-314-б], дея ўз асарида тадқиқ қилган. Валидийлар қишлоғига ҳижоб кўчманчи татарлар орқали кириб келганлигини ўз «Хотиралар»ида ёзиб қолдиради.

Валидий: «Дўстларидан Мошков оз-моз татарча ўрганган эди. Ижтимоий ва диний қарашларда анъаналарга боғлиқ бўлган Мансур Қилич Мошковнинг социалистик фикрларини рад этарди. Шу билан бирга олимни ўқиётган китобларидан ва Мошков билан доимо рус тилида гаплашишидан шубҳаланган.

Мошков атеист бўлгани боис бир қанча эркин фикрларни билдириб турган. Мошков аксарият динларни тан олмаган бўлсада, Исломга нисбатан ижобий фикрлар айтгани учун Мансур афанди уни христианликдан воз кечиб Исломга эътиқод қилувчи рус деб билган. Бу масалалар Мошков билан дўстлари ўртасидаги аввалдан давом этаётган диний мунозараларга сабаб бўлади. Бу Валидийга Ислом ва христиан тарихини ўрганишга бўлган қизиқиши янада ортишига сабаб бўлади.

Мансур афанди фикрича: «Динлар тарихини ва Ислом мазҳабларини, Мисрда ва Ҳиндистонда Исломни мудофаа қилиш мақсадида ташкил этилган нашриётни мукаммал деб билган» [7;28-77-б], - дейди. Нафақат ўз даврида, балки бугунги кунда ҳам ўз аҳамиятини йўқотмаган маърифат ҳақидаги қарашларда: «Миллатни маърифат тарбиялайди. Унинг равнақи учун биринчи навбатда ақл ва маърифат керак. Ақл илмдан куч олади, маърифат билан улғайиб боради. Миллат унга мансуб ҳар бир кишининг бахти-саодатидир» [4;8-9-б] дея таъкидланган. Демак, маърифатпарварлик ғоясини аждодларни бир-бирига туташтириб турувчи ҳаётбахш кўприкка қиёс қилсак бўлади. Бу кўприк нафақат авлодларини бир-бирига туташтиради, балки у жамиятни ҳар бир босқичида халқни ўзлигини англаши ва миллий ғояни шаклланишида беқиёс аҳамият касб этади.

**Юқоридаги фикрлардан қуйидаги хулосаларга келиш мумкин:**

Аҳмад Заки Валидий Тўғон яшаган даврдаги ижтимоий ҳаёт қай даражада бўлганлиги дунёвий ва диний фикрлар ўша давр олимларининг фикрлаши тор доирада бўлиб қолганлиги хусусан, диний мунозаралар Ислом ва христиан дини таълимоти ҳамда тарихини ўрганишга бўлган эҳтиёжнинг пайдо бўлиши билан белгиланади.

Заки Валидий яшаган даврда сиёсий вазиятни ёритилиши ҳақидаги фикрларининг таҳлилидан собиқ совет тоталитар сиёсати жамиятни маънавий таназзулга етаклашга инсонларни маънавий қашшоқлаштиришга, собиқ иттифоқ халқлари қаторида халқимизни ҳам коммунистик мафкура қулларига айлантиришга қаратилган эди.

Унинг оила аъзолари Имом Ғаззолий, Шаҳобиддин Маржоний, Фламарион Камиль, В.В.Бартольд ва Муҳаммад Абдо асарларини билишлари бу китоблар орқали оиладаги маънавий-маърифий муҳитнинг шаклланганлиги Валидийнинг «Хотиралар» асарида келтирилади.

## 1.2. Аҳмад Заки Валидийнинг диний-фалсафий меросининг илдизлари

Тоталитар тузум даврида давлатни ва инсон ҳаётини маъмурий-буйруқбозлик асосида бошқариш ва мафкуралаштириш, зўр бериб байналминаллаштириш ва руслаштириш, миллийликни инкор этиш, миллий қадриятларнинг унутилиши-тарихий хотирадан ажралиб қолишга олиб келди. Буларнинг барчаси миллий фалсафий ва мафкуравий тафаккурга салбий таъсир кўрсатди.

Бугунги кунда Ислом динини жаҳон цивилизациясига гуманистик ғоялари билан бевосита: «Хавфсизлик, миллатлараро тотувлик ва диний бағрикенгликни таъминлаш ҳамда чуқур ўйланган, ўзаро манфаатли ва амалий ташқи сиёсат» [1;3.] ҳозирги глобаллашув шароитида жаҳонда стратегик вазифалардан бири сифатида белгилаб олинди.

Тоталитар тузумнинг кучли ғоявий қуроли бўлган коммунистик мафкура, илм-фан, айниқса, ижтимоий фанларнинг тараққий этишига жиддий тўсқинлик қилди. Бунинг оқибатида фалсафани, айниқса, миллий фалсафани ва унинг мумтоз меросини холисона ўрганиш ва тадқиқ қилиш имконияти чекланди. Бу ҳақда Тўғоннинг қуйидаги фикрларига эътибор қаратишни мақсадга мувофиқ деб биламиз: «Бу муаммолар айниқса, Осиё халқларининг ташқи дунё муносабатларига кўрсатган таъсири, ҳозирги кунда (яъни 1933 йил) кўплаб олимларнинг диққат-эътиборини ўзига жалб қилмоқда. Араблар ва туркийлар нафақат бошқа халқларнинг маданий жиҳатдан (ҳаракатларига) ўзгаришларига ишонч берган, балки уларнинг ҳаракатлари катта ички мазмунга эга бўлган, уларга маънавий ҳамда маданий жиҳатдан куч-қувват берган», [7;21-611-627-б]. Миллат зиёлиларига қарши олиб борилган жисмоний ва маънавий таъқиб, жамиятнинг маънавий таназзулини тезлаштирди. Шу жумладан, ижтимоий фанларнинг таназзулига сабаб бўлди. Шу ўринда таъкидлаш кераки, бугунги кунда мамлакатимизда истиклол шарофати билан жамият ҳаётининг барча жабҳаларида тубдан янгиланиш жараёни рўй бермоқда.

Заки Валидий ёш бўлганлиги туфайли ундан фақатгина «Эдигей», «Жиренже», «Исо ўғли Эмет» каби туркийча миллий тарихий достонларни ўрганган. Ўтак қишлоғида мадраса эгаси, она томондан қариндоши бўлган. Ўтак ўғли Абжалил Ҳазрат, у 1859 йилда вафот этган. Хивада Янги Урганч шаҳрида ўқиган, онасининг отаси бўлган Сатлик ўғли Кофий (вафоти 1900 йил) ҳам Бухоро ва Хивада бўлган. Ҳар икки қариндош форс тилини билиши, қишлоғида аввалдан мавжуд бўлган форсий маданият онаси томонидан Валидий туғилган қишлоғида янада ривожлантирилган. Отаси араб тилини, онаси унга форс тилини ўргатган. Онаси форс тилини тил сифатидагина эмас, балки XIII-аср Эрон сўфий шоири Фаридиддин Аттор ва XVII-аср Бухорода туркий билан бирга форс тилида ижод қилган Сўфи Оллоёр тарғиб қилган тасаввуфий фикрлар тили сифатида ўзлаштирган эди. Бу жиҳатдан оилаларида кўп маротаба меҳмон бўлган. Муллагул Девона исмли (Валидий кичкиналигида у беш ёшларда бўлган «Хотиралар»да келтирилган) дарвешнинг қарашлари таъсирида бўлган. Сангим Қипчоқ уруғидан бўлган бу дарвеш Туркистон (Сирдарёнинг Ясси) шаҳри ва унинг атрофларида яшаб, у қадар кенг ёйилмаган Яссавия тариқатига мансуб бўлган. Зикрлари баланд овозда, бошини олдинга ва орқага қимирлатиш, рақсдан иборат эди. Отаси Нақшбандия тариқатига мансуб бўлса-да, яссавий тариқатига хос жаҳрий деб атайдиган зикрларини ёқтирган. Муллагулга намоз ўқиб бўлгач, араб тилидаги сўфийларнинг зикр тушишларини эслатиб, унинг «Ё, ху» деб сакрашига сабаб бўлган. Рақсга ўхшаган бу сакрашлар, бошни олдга ва орқага ташлаб ҳаракат қилиш форсчада «арра», яъни «Арра зикри», туркийда эса «чопқин» дейилган. Муллагулнинг масжидга бормай уйларида ўқийдиган намозлари сўнгида қилинадиган бу зикрларни олимнинг онаси жуда ёқтирган. Шу сабаб, онаси бу дарвеш ўқиган туркий ва форсча шеърларни ёд олиб, Валидийга ҳам ёдлатган. Буларнинг барчаси ахлоқий шеърлардан иборат бўлган.

Валидий диний дунёқарашини шаклланишида Муллагул Девонадан эшитган баъзи ривоятларнинг ўрни катта бўлган. Муҳаммад Пайғамбаримиз (с.а.в.) оид бир ҳикояни айтиб беради. Пайғамбар (с.а.в.) бир байрамда ҳамма томони безатилган туяларга миниб келган бойларнинг фарзандларини кўриб, «Кошки менинг ҳам туям бўлса», деб йиғлаган, етим бир болани хурсанд қилиш учун ўзларини туя қилиб, болани елкасига олиб, оломон ичида сакраб айланади. Абу Бакр Сиддиқ (р.а.), бу иш сизга ярашмайди, деганида, Пайғамбар (с.а.в.), у ҳолда бола остидаги туяни сотиб олиб қўйиб юборсин, дейди. Абу Бакр болага олтита ёнғоқ бериб, Пайғамбар (с.а.в.)ни халос қилади. Муллагул ҳам масжид ёнида тўпланган жамоат олдида Валидийни елкасига олиб, маҳзун ҳикояни қўшиқ қилиб айтган. Отаси эса, Валидийга олтита ёнғоқ бериб, туя вазифасини ўтаган Муллагулни халос қилган эди. Отаси Шамс Табризийга нисбат қилинган қуйидаги шеърни ўқиб беради:

Билса эди ул сабий ул теванинг юкини,
Ўн саккиз минг оламни берса ҳам бермас эди-я.

Бу кичик бир театр саҳнасига ўхшар эди. «У бола остидаги одамнинг ким эканлигини гўдак бўлганлиги учун билолмади. Акс ҳолда бутун дунё ва коинотни берсалар ҳам алмашмаган бўлар эди», - маъносидаги сўзлари олимни ҳам йиғлатади. Чунки бу ерда Муллагул, Пайғамбар (с.а.в.), отаси эса, Абу Бакр Сиддиқ (р.а.) ролини ўйнайди. Муллагул баъзи диний нашидаларни қўшиқ қилиб айтиб, «қурай» деб номланган найда чаларди. Ислом дини анъаналарини у мана шу шаклда катта ва кичиклар олдида жонлантирарди. Унинг ўргатишича, форсийда шеърлар айтган сўфий Шамс Табризий айни пайтда туркийда ҳам шеърлар айтган, рақслари ва нашидалари билан мусулмонларни жўшқинлантирган оташнафас дарвеш эди.

Заки Валидий асосан турк олими, сиёсатчиси Меҳмед Орифбейнинг ҳаёти ва «Минг бир ҳадис» асарини ўрганади. Меҳмед Орифбейнинг қуйидаги сатрлар унда катта таъссурот қолдиради. Валидий «Ё Раббий, фойдасиз илмдан, мақбул бўлмаган амал ва ибодатдан сенга сиғинаман» деган ҳадисини шарҳлар экан, ислом динига эътиқод қилувчи миллатлар учун балога айланган калом ва схоластик мантиқ Қуръони Каримни ўрганишни ортиқча деб танқид қилган ва бу каби илмларни кераксиз, деб ҳисоблаган эди. Валидийнинг айтишича: «Бу ҳадис унга қаттиқ таъсир қилади, араб тили ва адабиёти ҳамда араб тилидаги тарихий асарларни ўқишга катта аҳамият бера бошлайди» [7;53-163-б].

Олимнинг диний қарашларида фикр теранлигининг асоси: «Бобоси Кофий Сатликнинг беш ўғли ҳам имом, уч қизини турмушга берган шогирдлари ҳам имом бўлган. Бобомнинг тўнғич фарзанди бўлган тоғаси Ҳабиб Нажжор, Қўчқор ўғли Амирхоннинг савдогар ўғли томонидан Қозонга олиб кетилиб, ўша даврнинг энг буюк устози ва мутафаккири, машҳур тарихчи Шаҳобиддин Маржонийга шогирд тушган. Шундан сўнг Маржоний мадрасанинг машҳур халфаси бўлган» [7;28-14-б]. Ҳабиб Нажжор араб риторикаси ва стилистикаси қаторида шунингдек, буюк кишиларнинг ҳаёти ва ижодини ўрганишни муҳим деб ҳисоблаган. Тоғаси унга Ибн Холиққон, Тошкўпризода, ҳинд зиёлиси Абдулхай ал-Лақнавийнинг китобларини мутолаа қилишга берган. Отасининг дўсти бўлмиш Мурод Рамзийнинг «Рашаҳот» номли асарининг араб тилидаги таржимаси унда қизиқиш уйғотади. Заки Валидий бу асарнинг асл форсий нусхаси билан солиштирар эди. Тоғаси жиянини араб тили ва Ислом ҳуқуқи ва илоҳиёти тарихини асосан Қуръони Каримдан ўрганишига аҳамият беради.

Заки Валидий Шаҳобиддин Маржонийнинг илмий меросини тоғасидан ўрганади. Чунки, тоғаси Ҳабиб Нажжор аллома энг ақл заковатли, шогирдларидан бири бўлган. Тоғаси тарих билан жиддий шуғулланиб, ўн икки томлик «Жавдот тарихи»ни бир неча маротаба ўқиб чиқади. Ўзи эса, Ислом тарихига оид «Мифтаҳ ут-таворих» («Тарихлар калити»)ни [7;30-2-б], араб тилида, «Мажмуа-и муҳимма», «Наводир таржимаси» асарларини ёзади ва нашр эттиради [7;48-31-б].

Валидий тоғасидан араб адабиётини ўрганганидан мамнун эканлигини қуйидагича изоҳлайди: «Туркистонга қилган илк сафарида Замаҳшарийнинг араб тилидаги девонини ва Саъдиддин Тафтазоний билан Сайид Шариф Журжонийнинг мунозараларига оид рисолани келтиришади. Менга булардан ҳам қимматлироқ ва қадрлироқ ҳадя бўлмас эди. Чунки, рисолада Амир Темурнинг замонидаги икки олимни Қуръони Каримдаги «Бақара» сурасининг «Улайка аъла худан мин Роббиҳим» ояти устида мунозара қилдиргани ҳақидаги араб тилида ёзилган эди. Бу асарда араб риторикасининг энг нозик масалалари ҳамда фалсафага тўхталганлигида эди. Истарлитамоқ (Стерлитамак)даги суҳбатлар тоғам билан сўнгги кўришишим бўлади» [7;28-232-б].

Заки Валидийнинг космологик ва эсхаталогик диний фикрлари, тасаввурлари асосан «Қуръони Карим» ва «Инжил»нинг таҳлилларига таянади. Таҳлил жараёнида у бир томонлама ақлий бошқа бир томонлама оддий халқнинг тасаввурларидан фарқлайди. Олим фикрича: «Зиёли кишилар бутун дунёни ақл, идрок бошқарса, бутун борлиқни ақлий идрок (бошқаради) айлантиради. Инсоннинг ҳаёти даври чегараланиб қолмайди бироқ жисмоний жасад кўринишида бўлиб, яъни жасадни тарк этадиган танада бошқа бир ҳаётий руҳ бор. Инсоннинг кичик тасаввурларини қисман ақлий фикрлари билан тенглаштиради» [7;28-243-б]. Шунингдек, Валидий: «Ислом илоҳиёти чек-чегарасиз илоҳий эркинликларни фақат биргина Аллоҳ барча нарсаларнинг яратувчиси У табиат қонунларини ҳам тартибга келтиради» [7;50-177-б].

Валидий «Хотиралар»ида тарихчи файласуф диншунос олим бўлиб ўсиб улғайишида уч муҳит яъни, оила, уламолар жамоаси ва мадраса ҳаёти сабаб бўлганлиги тўғрисида ёзади. Уламолардан бири бу Шаҳобиддин Маржонийнинг қарашлари эди. Шаҳобиддин Маржонийнинг исломий ақидаларга оид эркин фикрлари номи зикр этилган Бу жиҳатдан Валидий тоғаси Ҳабиб Нажжорга ҳам Шаҳобиддин Маржонийнинг шогирди сифатида қарашган. Маржоний араб сайёҳи Ибн Фадланнинг шомоний «тос» деган бут (санам)ларга доир сўзларини нотўғри изоҳлаганлигини ва бошқирдлар ҳам «Паллус» культи экани ҳақида фикр билдиргани учун араб тилини жуда яхши эгаллаганлигини изоҳлайди.

Валидий Шаҳобиддин Маржонийнинг илмий фаолиятини ўрганар экан, Маржоний асарларида Ислом динини инсон онгига ахлоқий нуқтаи назардан ҳам сингдириш, тушунтириш ва қай ҳолатда фанга нисбат берилишини ҳамда диний, дунёвий фанларнинг уйғун ҳолатда таълим-тарбиядаги аҳамиятини Ислом фалсафа ва ҳикматни инкор этмайди. Фанга келсак, уларнинг барчаси хайрлидир, шунингдек, Шаҳобиддин Маржоний ўз ижодида Қорахонийлар тўғрисида тўлиқ маълумот бериб, қўлёзмаларни ўрганиб, кўчириб олади. Шунингдек, Қорахонийлар сулоласи ҳақида «Жавоҳир-ул-мудиййа», «Вафаёт-ул-аъён» Ибн Халликқон, Қозихон Ўзгандийнинг «Китоб Фатво», Мирзо Ҳайдар Дўғлотнинг «Тарихи Рашидий» асарларини ўрганиб «Муллозода» асари муаллифи Муъин ул-Фуқаронинг алломаларнинг асарларини ўргапади ва улардаги нумизматикага оид матнларни йиғади ва шарҳлайди» [7;11-2-б], олим илмий сафарда бўлган Фарғона, Самарқанд, Бухоро, Тошкент ва Шахрисабз (1913-1914 йиллар), Хива (1920 йил), Туркманистон, Эрон ва Афғонистон (1923 йил), Париж ва Лондон (1924 йил), Венгрия (1925 йил), Австрия (1938 йил) да ёзилган, ва бизнинг ҳудудимизда яшаган халқларнинг асарларининг тадқиқи ва таҳлилидаги маълумотларнинг фалсафа, дин, тарих, маданият, география, этнография, иқтисодиёт, топонимика, антропология каби фан тармоқларига оид йўқолиб бораётган манбаларнинг таҳлилини содда, тушунарли ва ҳаққонийлиги ва далилларга асосланганлиги жиҳатидан бебаҳо таҳлил қилган.

**Хулоса қилиб айтганимизда:**

1. Заки Валидий Ислом дини ва фалсафасини биринчи манбалар асосида файласуф олим нуқтаи назаридан тадқиқ этган, турли ислом фалсафаси оқимларининг ижтимоий-ғоявий ва гносеологик илдизларини ёритишга ҳаракат қилган. Шу нуқтаи назардан мутафаккир ижодий мероси умумжаҳон фалсафаси тарихи, хусусан, Ислом дини ва фалсафаси тарихини чуқур ва ҳар томонлама ўрганишда маълум илмий ва маърифий қимматга эга.

2. Заки Валидий Ислом дини ва фалсафаси оқимларининг ўзига хос таълимот ва ғояларини бошқа халқлар, жумладан, ҳинд ва юнон халқлари фалсафий таълимотлари билан қиёсий таҳлил қилиш орқали илмий хулосаларга келиши ва маълум даражада жаҳон халқлари фалсафий тафаккури ривожи учун янги концептуал ғояларни берганлиги билан ҳам эътиборга молик.

## 1.3. Аҳмад Заки Валидийнинг ислом манбашунослигидаги янги топилмалари ва унинг илмий-фалсафий тадқиқи

Мустақилликка эришганимиздан сўнг қадимий бой тарихий меросимизни ўрганиш ва уни ривожлантиришга кенг имкониятлар яратилди. Ўзбекистон Республикаси Биринчи Президенти шундай таъкидлайди: «Халқнинг маданий қадриятлари, маънавий мероси минг йиллар мобайнида Шарқ халқлари учун қудратли маънавият манбаи бўлиб хизмат қилган. Узоқ давом этган қаттиқ мафкуравий тазйиққа қарамай, Ўзбекистон халқи авлоддан-авлодга ўтиб келган ўз тарихий ва маданий қадриятларини ҳамда ўзига хос анъаналарини сақлаб қолишга муваффақ бўлди» [2;2-35-б].

Заки Валидий «Турк-татар тарихи», «Тарихда усул», «Умумтурк тарихига кириш» номли тарихий асарларини ёзишида Туркистон илмий сафаридаги топган манбалари муҳим ўринни эгаллаганлигини алоҳида қайд этади. Шундан кейин ўша пайтдаги машҳур рус «Академик либерал шарқшунослик мактаби» вакиллари профессорлар Н.Ф.Катанов, Н.И.Ашмарин, В.В.Емельянов, К.В.Харламповичлар ва академик В.В.Бартольд Валидийнинг «Турк-татар тарихи», «Тарихда усул», «Умумтурк тарихига кириш» каби тарихий, фалсафий ва диний муаммоларга бағишланган тадқиқотларига юксак ижобий баҳо берибгина қолмай, уни Қозон Университети «Археология ва тарих Жамияти»нинг ҳақиқий аъзоси этиб сайлайдилар.

Валидий Туркистондаги 1913 йилги илмий сафарида Тошкентда бўлади ва бир қанча кутубхоналардаги қўлёзмалар билан танишади. Отаси Аҳмадшоҳ ва қўшнилари Бекбўлат ҳазратлари топшириғи билан: «Шайх Хованд Таҳур ва Хожа Аҳрор Валий зиёратгоҳларига бордим. Шайх Хованд Таҳурнинг муфассал маноқиби, форс ва турк тилларидаги шеърлар жамланган қўлёзмани саҳҳофлардан сотиб олиб Уфага жўнатдим. Шу орада Бухоро ва Самарқандга ҳам бориб, у ерда ҳам зиёлилар, қўлёзма соҳиблари, тарих ва археология, этнография мухлислари билан учрашдим» [4;2-26-б], дейди. Унинг асарларини ўқиган бир қанча олимлар унга юқори баҳо берадилар. Булардан бири Абдулҳамид Сулаймон ўғли Чўлпон эди. «Чўлпон Заки Валидийнинг асарларини ўқигач унга хат йўллаб, Андижонга таклиф қилади. Валидий 1913 йилда талаба Назир Тўрақулов билан Чўлпоннинг отасини уйида бўлганлигини ёзади [4;1-37-б].

Бу учрашув кейинчалик Чўлпон ва Валидийнинг маърифатпарварлик ғояларини ёйишда ҳамда сиёсий жараёнларда елкама-елка туриб Чор ҳукуматига қарши курашда бирлашишдаги илк учрашув бўлганлигини ёзади.

Академик В.В.Бартольд Заки Валидийни Санкт-Петербург университети Шарқ тиллари факультетига ишга олиши, ўз ташаббуси билан тузилган «Халқаро Ўрта Осиё тадқиқ Комитети»да ишлаши, Европа давлатларидаги Ислом динига оид қўлёзмаларни қидириб топиш ва тадқиқ этиш учун юборишини билдирган. Валидий 1914-1917 йилларда Германия, Австрия, Париж ва Лондонда тадқиқотлар олиб боришини академик В.В.Бартольд режалаштирган эди. Биринчи жаҳон урушининг бошланиши бунга имкон бермади. Валидий Ислом манбашунослигида янги топилмаларнинг илмий ва фалсафий таҳлил қилар экан қуйидаги саволарнинг ечимини ўз олдига вазифа сифатида қўяди: «Сабаб ва оқибатни яъни, ҳадисларга қарши билдириладиган фикрлардан, воз кечган ҳолда, арабча қарама-қаршилик яъни «теккевуни» услубига кўра ёзилган тарих, тарихий воқеаларни келиб чиқиш сабабларини аниқлаш муҳим ҳисобланади» [7;29-4-б], дея таҳлил қилади. Астрахан сафарида Заки Валидий, Жамил исмли қишлоқ имомининг қўлида Ислом тарихига оид Ибн Кутайбанинг машҳур «Ал-Имом вал сиёсат» номли асарининг ёзма нусхасини олиб «Идель» газетасига бир мақола ёзади. Ўша даврнинг буюк олими сифатида танилган Ризоуддин ибн Фахриддин бу асарнинг Астраханда эканлигидан ажабланади ва бу асарнинг Бошкирдистонда эканлигига ишонгиси келмайди. Балки адашиб бошқа бир асарни унга адаштирган бўлиши мумкинлигини айтади. Валидий китобни унга келтирганида, кўриб чиқиб шу асар эканлигини, асарда имомлар ҳақидаги фикрлари ҳам газетадаги мақоласида тўғри хулоса ва таҳлил қилинганлигини ўқиб, ёш олимга нисбатан ишонч пайдо бўлади. Буни Ризоуддин ибн Фахриддиннинг ўзи 1926 йил Истанбулга келиб, Валидийнинг уйида меҳмон бўлаётганда айтади [7;28-61-б]. Бу икки мақола билан, бир томондан, туркий қавмлар тарихи, иккинчи томондан, Ислом тарихига доир тадқиқотининг энди бошланиши эди. Валидийнинг фикрича: «Илк ўрта асрларда, Ислом оламининг тарихчиси Табарий муаррихлик билан шуғулланган. Табарий бутун тарихий ҳодисаларга оид воқеаларни ўқиган, эшитган ва кўрганини ортиқча қўшмасдан, ўз ҳолича асарига киритган. XI-XIII асрларда герман ва русларнинг монастирларида ишлаган роҳибларнинг рўйхати ҳам шулар жумласидандир» [7;28.], дея таҳлил қилади.

Валидийшунос олим Ахат Салиховнинг ёзишича: «Валидийни Қозонга келиши билан (1913 йил) профессор Н.Катанов Қозон университети тарих жамияти Шарқ қўлёзмалари ҳақида» [7;11.], шунингдек: «Археологик ва этнографик тадқиқотлар олиб бориш учун Туркистонга юборади» [7;48-98-б]. Заки Валидий билан учрашган ва танишган Туркистон зиёлилари, тарихчилари ва хусусий қўлёзма Фарғона илмий сафари I-ҳисоботида тилга олинади. Ашурали Зоҳирий ва бошқа қўлёзма соҳиблари билан танишиб унда қўлёзмалар мавжуд бўлиб, «Ашурали Зоҳирийдан Маҳтумқули «Девон»ининг энг мукаммал нусхасини яъни 209 маонийсидан иборат тўликроқ қўлёзмасини олганлигини «Шўро» газетасининг «Девони Махтумқули» [7;10-393-395-524-б] мақоласида ёзади. Бундан ташқари олим «Махтумқули ашъорина кўрсаткич» [7;10-424-427-б., 458-460-б., 491-494-б., 522-524-б.] номли мақоласини олимни вафоти санаси [4;1-61-б]ни аниқлаганлигига бағишланган.

Заки Валидий Юнусжон Додхоҳ Муҳаммедов қўлёзма хазинасидаги жами 23 та нодир қўлёзма билан танишган.

Олим олиб борган тадқиқотларига кўра: «Farrux Bey Munshaot» номли асарда Усмонийлар давлатининг ташкил топиши даврига оид сохта саҳифалар учрайди. Буларни немис шарқшуноси И.Мордтман «Usuli tarix» китобида изоҳлаган. Кейинчалик профессор Муҳримин Ҳалил Юнанч бу саҳифаларнинг қаердан олинганини исботлаган. Ислом динида сохтакорликларининг энг кўпи мазҳаб ва қарашларга ҳамда пайғамбарга таяниб айтмоқда, деган фикрни илгари суриб, ҳаттоки ҳадисларни ҳам ўзларига мослаштиришга ҳаракат қилинган. Бундай сохта ҳадислар ўша даврнинг ҳолатига кўра сиёсатчилар томонидан ҳам ўйлаб топилган» [7;29-78-б], ва тарихни сохталаштириш хусусидаги фикрлар ҳам мавжуд. Шу боисдан ҳам Заки Валидий «Тарихда усул» асарида «...бу фақатгина шахсий манфаатларини кўзлаб қилинган ишлардир. Баъзи сохталиклар эса ҳукмдорлар ёки амалдорларнинг шахсий манфаати ёки хусумат қилиш учун амалга оширилади» - деган хулосага келади.

Кейинчалик Заки Валидий юқоридаги маълумотлар бўйича профессор Николай Катанов ёрдамида Лондондан Мирхонд ва Хондамир китобларининг нусхаларини ва Бобурнинг хотираларининг нусхасини олади» [7;52-34-37-б].

Заки Валидий: «Ҳиндларнинг Моҳанжодаро маданиятини диний-фалсафий таҳлилида Ўрта Осиё туркийлари тарихида учраган ўхшашликлари аслида туркийлар ва мўғулларга қарашли бўлган», - [7.43.] дейди. Туркий ва мўғулларнинг давлат ташкилоти, Туркистон шаҳри вилоятлари, шомонларнинг фалсафий, моддий-маънавий олами ҳақидаги тасаввурлари бунга яққол далилидир: «Гарчи уларнинг космогониялари бошқа маданиятлар таъсирига учраган бўлса-да, хусусан, ҳукмдорни оқ кигизга 4 бурчидан ушлаб кўтариш, ўлкани бўлиб идора қилиш, кигиз бурчидан ушлаган қабила бийларига давлат ишларида суяниш, шаҳарларнинг тўрт бурчакли эканлиги, тўрт дарвозага олиб борувчи тўртта шоҳкўчанинг шаҳар бўйлаб чўзилган», - [7.43.], эканлигини таъкидлайди.

XVIII-XIX асрларда Валидий Туркистондаги маданий ва ижтимоий ҳаётни Европадан орқада қолиши сабабларини таҳлил қилар экан, шундай хулосага келади: «Бу дарҳол содир бўлгани йўқ. Аксинча, дастлабки ўзбеклар темурийлар даврида Самарқанд ва Ҳиротда пайдо бўлган санъатни давом эттирдилар. Улардан айниқса, Убайдуллахоннинг Бухорода хукмронлик қилган ўғли Абдулазизхон илм ва санъат ҳомийси бўлган. Бухородаги Абдулазизхон мадрасаси ўша пайтда санъат академияси даражасига кўтарилганлигини таъкидлайди. Ўзи ҳам мумтоз ҳаттотлардан бўлган Абдулазизхон бу ерда Алишер Навоий даврида маданий муҳитда етишиб чиққан Мир Али Ҳусайний Машҳадий, Маҳмуд Музаҳҳаб ва Мирак Мунший каби гузида ҳаттот ва рассомларни тўплаб, Бухоро мактабини вужудга келтирган» [7.54.1.6-109.].

Шунингдек, Валидий Туркистон санъати ҳақида шундай дейди: «Зотан, ўзбеклар (яъни ўша давр маҳаллий аҳоли назарда тутилган) XV-асрда Олтин Ўрда ва Астрахан томонларда бўлган пайтларида санъат тарихчилари томонидан «Қипчоқ санъати» деб номланган мактабни юзага келтирганлар. Бу даврда санъат вакиллари, айниқса, кўчманчи ҳаётдан олинган лавҳаларни бизга мерос қилиб қолдиришган. Бу мероснинг баъзи ажойиб намуналари ҳозирда Топкапи саройида №1720 рақами остидаги «Ёкуб Мирзо альбоми»да сақланади» [7.55.129-132].

1923-1932 йиллар олим ҳаётида катта из қолдирди. У кўплаб манба ва изланишларига таяниб, ўзининг асосий асари ҳисобланган «Замонавий Туркистон ва унинг яқин тарихи» китобини ёзади. Китоб бошда учта катта бўлимдан таркиб топган, кейинчалик икки боб шаклида илова қилинган. Биринчи бўлим, туркий халқлар тарихига бағишланган. Улар яшаган ҳудуд Каспий денгизидан Олтой, Олатоғ, Тиёншон тоғларигача чўзилганлиги таъкидланади. Иккинчи бўлим «Шарқий Туркистон» деб аталган. Учинчи боб «Шимолий Туркистон» (Ўрол тоғлари қисми) деб аталган. Қолган икки боби қачон ёзилгани маълум эмас.

Тўғон Марказий Осиё тарихининг XVI асрдан XIX аср охири ва XX аср биринчи ярмигача бўлган даврини тадқиқ қилган. Бу даврда ҳам бу ўлка тарихи ёритилган илмий тадқиқот ишлари, асарлар, қўлёзма китобларнинг барчаси билан танишиб чиққан Заки Валидий ўлка тарихи тўла ўрганилмаганига амин бўлади ва уни батафсил тадқиқ этишга киришади.

Китобнинг биринчи қисмида ўлканинг ҳудудий чегаралари тадқиқ қилинган бўлса, иккинчи қисмида туркий халқларнинг келиб чиқиши ва қайси миллатлар бу гуруҳга мансублиги баён қилинади. Асарнинг учинчи қисми ўлканинг XVI асргача бўлган тарихига бағишланади. Бу минтақада яшаган туб халқлар кимлар бўлгани, ўлканинг бошқа халқлар маданияти билан алоқалари қандай бўлгани, кўк турклар ва Ислом дини ҳақида қимматли маълумотлар беради. Тўртинчи ва бешинчи боблар ўлкани чоризм босиб олиши ва сиёсий вазиятлар тафсилотига бағишланган. (Вена, Херналсер-Гюртел, 11, Тур, 1929 йил 10 октябрь). Бу катта илмий-тарихий тадқиқот тарихчиларга Марказий Осиё ҳақида кенг маълумот беради.

Аҳмад Заки Валидий чет мамлакатларда ҳам илм билан шуғулланади. Турк, немис, француз, инглиз, араб, мажор, рус, бошқирд, ўзбек ва умуман 11 тилда тўрт юздан ортиқ илмий иш эълон қилди. «Бугунги турк эли ва яқин тарихи» (Истанбул, 1942-1947) [7;27-696-б] ва «Хотиралар» (Истанбул, 1969 йил) [7;28-646-б] каби машҳур асарлар шулар жумласидандир. Марказий Осиё тарихининг теран тадқиқотчиси Валидийнинг «Хотиралар» асарининг бир қисми Шерали Турдиев томонидан «Бўлинганни бўри ер» [4;9-379-б] номи билан ўзбек тилида таржима ва нашр қилинган. Валидий 1970 йил 26 июльда Истамбулда вафот этган. Унинг тадқиқотлари бугунги ёшларда миллий ўзлик ва тарихий хотирани англатишда муҳим аҳамиятга эгадир.

Заки Валидийнинг жамиятга оид фикрлари XIV асрда тарих фалсафаси ва жамият соҳасида иш олиб борган, Мағриб ва Испаниядан етишиб чиққан Ибн Халдун каби Мағриб олимларигагина хос бўлиб қолмай, айни шу фикр Амир

Темур замонида Самарқандда ҳам кенг тарқалганини 1913 йилда Бухоро кутубхонасидаги қўлёзма асарларни тадқиқ этиш жараёнида, билади. Бу фикрлар Ибн Халдуннинг замондоши бўлгани ҳолда уни кўрмасдан, фикрларига воқиф бўлмасдан туриб, худди шу фалсафий қарашни ифодалаган Шамс Изуддин ал-Ижийнинг асарида ҳам келтирилган. Амир Темур даврида Темурнинг амри билан тарих фалсафаси, туркий қонуни ҳамда давлат бошқарув тизимига бағишланган «Туҳфа» номли асар Темурга тақдим қилинган. Валидий бу асарни Истанбулдаги Янги жомеъ кутубхонасидан топади. Шариат ўрнида қонун, дин ўрнида риёзиёт илмлари натижаларига йўл берилиши лозимлигини уқтирган ушбу асарда шундай дейилади: «Туркия президенти Мустафо Камол Отатурк билан бўлган суҳбатида ҳам айтилади. Шундан сўнг бу асар хусусида 1951 йил Истанбулда XXII-Халқаро Шарқшунослар конгрессида маъруза қилинади. Кейинчалик Яледа профессор Франц Роузенталь ушбу асарга бағишланган тадқиқотини нашр қилган» [7;28-106-б].

Заки Валидий тадқиқотларида Изуддин ал-Ижий калом ҳақида қарашлари бир тизимга солинган. Ёшлигидан саройда хизмат қилиб, кейинчалик бош қози лавозимида ишлаган Ижийнинг қарашлари кўп қирралидир. Унинг ижоди теология, калом, шариат ҳуқуқи, Қуръон асосида давлат бошқаруви, риторика ва диалектика, этика, тарихшунослик каби илмларни ўз ичига олади. Ижийнинг диний қарашлари ҳозирда бутун дунёга машҳур бўлган диний университетларида бўлган ал-Азҳар ва аз-Зайтунларда ўқитилади.

Абдураҳмон Ибн Аҳмад Изуддин ал-Ижий (1281-1355 й.) – Эроннинг Шероз шаҳрида туғилган. Сўнгги калом илми ва фалсафаси вакили, мутакаллим ҳисобланиб, фиқҳда шофеъий мазҳабида бўлган. Каломни ал-Байдавий (1286 йил) издошларидан ўрганган. Илҳонийлардан Абу Саид (1316-1336 йиллар) саройида қози бўлган. 1355 йилда номаълум сабабаларга кўра Иж қаъласидаги зиндонга ташланиб, ўша ерда вафот этади. Машҳур мутакаллим

Саъдиддин ат-Тафтазоний унинг шогирди эди. Ижийнинг «Мавоқиф фи илм ал-калом» асари кўп асрлар давомида калом бўйича асосий қўлланма бўлиб келиб, бир неча бор (жумладан, ал-Журжоний томонидан) шарҳланган. Унинг «Энг машҳур асари «Мавоқиф» деб номланади. Асарда ашарийларнинг калом ҳақида қарашлари таҳлил қилинади. «Мавоқиф» олти китобдан иборат бўлиб, асардаги диний қарашлар фалсафа асосида мантиқий фикрлашга таянади» [9;1.].

Аҳмад Заки Валидиий тоғаси Ҳабиб Нажжорда Ўтакдаги мадрасасида 18 ёшигача таълим олиб, тоғасидан Ислом тарихи манбаларининг энг асосийси бўлган Ибн ал-Асирнинг асарларини ўқийди. Кейинчалик бир қисмини турк тилига ўгириб нашр эттиради. Шунингдек, Бухоро Амири саройи кутубхонасида қадимий уйғур тилида ёзилган «Тарихи Ясо»ни ва ноёб қўлёзмалардан бири «Хонлар тарихи» ёки «Хоннома» билан танишиб, таҳлил қилади [7;56-144-156-б]. Бу асар қадимий туркийлар маданиятига оид достонлар тўплами ҳақида бўлиб, муаллифи Бухоролик тахаллуси Имомий деган шоир эди. Валидий бу асар [4;1-108-б] ҳақида шарқшуносларнинг 1948 йилда Истанбулда, 1954 йилда Голландияда, Кембриджда бўлган конгрессида немис, турк ва инглиз тилларида маъруза қилади. Маърузада, «Биз гарчи улар бошқа муҳитда бошқа тилларда ва ўзгача ҳарфлар ва иборалар билан ёзилган бўлса ҳам биз уларни фалсафий таҳлил қила олишимизни келтиради Шумерлар, оссуриялиқлар ва Мисрликларнинг китобларини, хитойлик Конфуцийнинг фикрларини, Будданинг назариясини Аристотель фалсафасини, Қуръон Каримни бугун тушунишга қодирмиз» [7;29-33-б]. Тарихни диний-фалсафий тадқиқи жараёнида Заки Валидий даврларга ва турли жамиятларга мансуб инсонларнинг руҳий жиҳатларини кўриниши ҳатто қайси тилда ёзилган бўлса инсонлар уларни тушунишга қодирлиги ҳақида фикр юритади.

1906-1908 йилларда 16 ёшли Заки Валидий отасининг мадрасасида «Халқ кутубхонаси» номли кутубхона очган эди. Кутубхонага китоб олиш учун маблағ йиғиб, газеталар келтиради. Газеталарга кутубхона очганлиги тўғрисида эълон берганидан сўнг нашриётлар бепул газета жўната бошлайдилар. Шу тариқа Санкт-Петербургда чиқадиган «Улфат» ва арабча «Ал-Тилмих», Қозондан «Баён ал-Ҳақ» ва «Юлдуз», Оренбургдан «Вақт», Астрахандан «Идель», Бокудан «Иршод» газетаси, «Биржевые ведомости» газетаси ва «Нива» ва «Фуюзот» журнали келади.

Валидийнинг амакиси Алиқарор қозоқ тилида муаллимлик қилади. Бу эса, Валидийга қозоқ тили ва адабиётига нисбатан Валидийда қизиқиш уйғотади. Амакисининг таъсирида Қозонда чоп этилган қозоқ тилидаги китоб ва рисолаларни кутубхонасига келтиради.

Муҳаммаджон Абдураҳмонов изланишларида: «Валидий ўз тадқиқотида Темурийларнинг авлодлари ҳақида 30 дан ортиқ илмий тадқиқотлар қилган» [4;2-9-б], деб ёзади.

Заки Валидий Темурийлар даври тарихини таҳлил қилар экан ўша давр ёзувига ҳам эътибор қаратади: «Темур ва унинг атрофидагиларга уйғур ёзуви ҳам керак бўлган. 1927 йилда Улуғ тоғдан Амир Темур ҳақида уйғур тилида ёзилган афсона топилган. У ўзининг юришларини, турк котиби Бахшийга уйғур ёзувида ёзишни буюрган. Уйғур ёзуви Темурийлар даврида катта ҳурматга сазовор бўлган, аввал араб ёзувида сўнгра туркий асарлар уйғур ёзувида кўчириб ёзилган. Алишер Навоий даврида эса бу ёзув аста-секин муомаладан чиқди. Алишер Навоий буни ўзининг асарларидан бирида бу ёзувда воз кечишлигини талаб қилди. Бу эса Алишер Навоийдан мустақил ёзувини талаб қиларди. Фақат Шарқий Туркистонда уйғур ёзувни Минглар ҳукмронлиги даврида (1368-1644 й.) Ҳамул (Ҳамий) мусулмон туркийлар ва буддавийликнинг вакиллари ҳозирги кунда ҳам фойдаланишади. Шарқий Туркистон бадиий адабиёти Темурийлар давридан кейин ҳам Бухорода ўзбекларнинг ҳукмронлиги вақтида ҳам давом этиб келди» [7;17-27-б], дейди. Чунки ўша даврда бу ҳудудда уйғур ёзуви асосий ўринни эгаллаган эди. Хусусан, Валидий Амир Темур авлодларига оид асарида қуйидаги фикрни билдиради: «Амир Темур мақбарасидаги ёзувлар 1905 йилда Санкт-Петербургда подшоҳликнинг қадимги асарлар жамияти томонидан «Самарқанд масжидлари»нинг «Гўри Амир Темур» номли I-жилдида нашр қилинган. Шу жумладан Блошетнинг Рашидиддиннинг «Мўғул тарихига кириш» номли асарида ҳам бор» [7;57-61-б], ва бу асарда темурийлар даври ва Ўрта асрларда уйғур ёзуви билан бирга эски ўзбек ёзувидан фойдаланилган.

Валидий Амир Темурнинг шажарасига оид тадқиқотларида: «Бу насабнома Амир Темур ва ўғилларининг уйғур ёзувидаги расмли (безакли) насабнома билан Амир Темурнинг Шарофиддин Али Яздий, Ҳофизи Абрў, Низомиддин Шомий ва бошқа хусусий котиблари томонидан темурийлар тарихида келтирилган шажара билан сўзма-сўз бир хил бўлиб, ҳижрий 829 йилда Амир Темурнинг ўғли, тахт вориси Мирзо Шоҳруҳ учун ёзилган, «Muez ul-Ensab» номи билан машҳур бўлган асарда шажара ҳақида сўз юритилади. Бу асарнинг қўлёзма бир нусхаси Париж миллий кутубхонасида, яна бири Лондоннинг Британия музейида сақланмоқда. Бу шажараларнинг барчасида Амир Темурнинг насаби Туменг Хон ёхуд Туменай Хон билан Чингиз Хонга боғлангандир. Мўғул ва туркийлар тарихи билан шуғулланган Европанинг таниқли олими Доссон ва Бартольд Амир Темурнинг насабини ерга уриб, бу шажара Темурнинг ўзи, ўғиллари ва яқинлари томонидан махсус тузилган деб ҳисоблайдилар. Доссоннинг фикрича, Амир Карачар номи Рашидиддиннинг «Мўғул тарихи»нинг бир жойида ҳам учрамайди» [7;58-108-109-б]. Бу каби маълумотлар айниқса, XX асрнинг биринчи ярмида бизнинг ўтмишимизни йўқотишга қаратилган ва тарихни бузиб кўрсатиш орқали ҳам ўзлигимизни йўқотишга қаратилган большевизмнинг қуроли бўлган.

Заки Валидийнинг амакиси ўзи билган рус тилидаги тарихий китобларни, айниқса, ўзи фойдалана олмаган М.С.Соловьёвнинг «Тарих» китобини ўрганишни истаган.

Айниқса, Н.М.Ядринцевнинг асарлари унга жуда ёққанди. 1907-1908 йил қиш ойларида отасининг мадрасасида араб тили ва Муҳаммад Пайғамбар ҳаётига доир «Нур ул-яқийн» номли асаридан сабоқлар беради. 1908 йили бу зотнинг араб шоири ва файласуфи Абул Аъло ал-Мааррийнинг «Ал-Лузумиёт» номли асаридаги фалсафий фикрларини изоҳловчи китоби Аҳмад Исҳоқий томонидан чоп қилинган. Бу «Ал-Лузимиёт» асарини Заки Валидий араб адабиётининг шоҳ асари деб билади. Асардаги фикрларга, хусусан, дин ҳақидаги эркин қарашлари олимга манзур бўлади. Аҳмад Исҳоқий орқали китобнинг Ҳиндистондан тошбосма усулида ва четларига шарҳлар билан босилган нусхасини келтиради. Асарни олим тўлиқ тушунмагач, араб тилини мукаммал ўрганишга бўлган ҳаваси янада ортади. Валидий айтадики: «Қийинчиликларни енгиш истаги унда кучли бўлгани учун (Абул Аъло) ал-Мааррийнинг «Ҳақиқатлардаги хазиналарнинг пинхонийлиги сабаб, уларни ечимини излашга бўлган қизиқишим ортди» сўзлари ҳаёлимни бутунлай банд этган эди. Дин хусусида унинг шу сўзлари менга манзур эди» [7;28-40-б].

Заки Валидий: «Абул Аъло ал-Мааррийнинг диний-фалсафий қарашларини ўрганишда ҳамма динларда ҳам баъзи ҳақиқатга яқин бўлмаган қонунларга биз эътиқод қиламиз ва кўр-кўрона қиладиган баъзи одатларимиз орқали бир-биридан ажралмаган ҳолда ҳаёт кечирамиз» [7;59.], деган фикрларини илгари суриб, бу ерда динларнинг асл моҳияти эмас, балки аввалдан қолган баъзи эътиқодларни назарга тутади. Валидий «Туркистон ва Идель ҳавзасининг маданий муносабатлари тарихидан» мақоласида: «Мўғуллар даврида Истамбул ва Европа кутубхоналарида сақланаётган диний китоблар Хоразм ва Сирдарё ҳавзасида ёзилган асарларнинг нусхаларидир. «Ёйиқ» ва «Идил» дарёларининг бош қисмларида «сартлар», Тоболда «бухорийлар» номли аҳоли қадимий Идель шаҳарларидаги «сарт маҳалла» ёки «тожик маҳалла» номли маҳаллалар вужудга келди. Бунинг таъсирида Идель соҳилида Хоразм меъморчилик ва шаҳарсозлик услуби вужудга келиб, натижада Қозон шаҳри меъморчилик ва шаҳарсозлик услубидан ўзаро уйғунлик келиб чиқди. Маданий муассаса, мадраса ва хонақоҳ, қози маҳкамалари аксари ё Мовароуннаҳр уламолари раҳбари ёки Олтин Ўрдада мустақил арабий тил ва девон тилининг XVI асрдаги аввалги шакли бўлган Тянь-Шань ва Мовароуннаҳрнинг адабий туркийси эди» [7;6-25-30-б]. Бу фикрлардан кўринадики, маҳаллий лаҳжа таъсиридаги Хоразм ва Сирдарёда қипчоқ шевасидан кўра кўпроқ туркий шевани ишлатишган экан.

Заки Валидий Теҳрон кутубхоналаридаги китоблар хусусида: «Теҳрондаги бу асарлар ичида «Кутубхона-и салтанатий»да № 4617 билан сақланган ва ҳозирда ЮНЕСКО томонидан «Мурраққоъ-и Гулшан» асари асосий ўрин тутиб, унда темурийлардан Акбаршоҳ даврида вужудга келган расм, ёзув ва адабий парчаларни ўз ичига олган мураққоъларни ёки китоблардан олинган нусхаларни ўзида жамлаган» [7;61-441-445-б].

Лондон ва Теҳрондаги Бобурийлар даврига оид асарларда Чиғатой тили ва темурийлар даври санъатининг муҳим намуналари мавжудлигини «Теҳрон кутубхоналаридаги Ҳиндистондан келган асарлар» мақоласида ёритган деган хулосага келади.

Заки Валидий Истанбулнинг Ҳумоюн музейидан маскукот (қадимий тангалар) ҳақида китоблар келтиради. Олим Уфада танишган бир аёл китоблар олиши учун ёрдам беради. Шунда у Ғарбда араб тилида чоп этилган, Бомбей, Калькуттада форс тилида нашр этилган тарихий асарларни, Мирхонд ва Хондамир китобларини, «Бобурнома»ни ва Ғарб кутубхоналарида мавжуд Шарқ қўлёзмалари каталогларга эга бўлади.

Валидий бир куни отасини мадрасасида дарс бериб юрганида, ўз овулидан ўқувчиларидан бири Темурийлар даврида ёзилган туркман беги Давлатшоҳ Самарқандийнинг «Тазкират уш-шуаро» («Шоирлар тазкираси») асарини олиб келади. Бу асарни 1909 йилда таҳлил қилганида эндигина Валидий 19 ёшда эди. «Тазкират уш-шуаро»да Темурийлар даврида яшаган шоирлар таржимаи ҳоли бўлиб, форс тилида ёзилган. Бу асар таҳлилидан келиб чиқиб олим шундай ёзади: «Агарда бизнинг ҳудудимизда изланиш олиб борилса, Ўрта Осиё маданияти ва Ислом дини тўғрисида қадимий қўлёзмалар топиб, менинг доимий тадқиқот ишимга айланади» [4;1-22-б].

Валидий «Қадимги туркий ва мўғул хариталари ҳамда харитачилик масалаларига доир қайдлар» номли мақоласида Маҳмуд Қошғарий тузган харитани таҳлил қилар экан шундай хулосага келади.

Чингизхон ва Амир Темур даврида тузилган хариталар бўлиб, бу хариталар Маҳмуд Қошғарий тузган харита олим томонидан жуғрофий тушунчага кўра, яратилган энг қадимий харитадир (дастлабки дейиш ҳам мумкин). Мазкур масала билан то шу кунгача географлардан Конрад Миллер ва Альберт Херман [7;62-21-28-б]лар шуғулланган бўлиб, ҳар икки олим ҳам хаританинг асл туркий асар эканлигини таъкидлаганлар. Улар харитадаги жуғрофий атамаларни изоҳлай олмаганлар. Шунингдек, бу асарнинг асллигини нимадан иборатлигини ҳам у қадар тўлиқ баён этмаганлар. Ҳар икки олим ҳам хаританинг, айниқса ғарб мамлакатлари қисмида Ислом хариталарига ўхшаш ва фарқли жиҳатларни кўрсатиш билан кифояланган хулосага келади.

Заки Валидий исломий манбаларнинг тадқиқида тарихий ҳақиқатни фалсафий жиҳатдан тадқиқ қилади ва тарихни сохталаштириш тўғрисида шундай хулосага келади: «Бугунги кунга келиб қадимги тарихчилар даврида ёзилган сохтакор ва ҳар қандай «далили заиф» тарихий ҳужжатлар бугунги кун тарихчиларини тарих илмига бўлган қизиқишларини сўндирмайди. Бугунги кун олимлари энди ҳақиқий маълумотни сохта маълумотлардан ажрата оладиган даражага етдилар. Аммо инсониятнинг тарихий фаолияти шунчалик чигал ва мураккабки, уларнинг кўпчилиги ҳалигача маълум бўлмаётганлиги ва тарихнинг очилган томонлари ҳам ҳали муаммоли эканлигини кўрсатади. Тарихда ҳақиқатда содир бўлган баъзи воқеалар ҳақида тарихнинг бирон бир сўз қайд этмаганини

кўришимиз мумкин. Баъзи тарихий воқеаларга оид бир қанча ҳужжатларнинг сохтасини ҳақиқийсидан ажратиш ҳатто бугунги кундагача мураккаблигича қолмоқда.
Танқидсиз тарихий асар ёзган тарихчиларининг содда ва ёрқин қилиб кўрсатган баъзи ҳодисаларининг ҳақиқатдан нақадар узоқ эканлиги муаммоллар туғдирмоқда. Мисол учун, Исо пайғамбарнинг дунёга келиши бугун бутун жаҳон тарихининг бошланиши ва унинг юз миллионлаб инсон тарафидан ўз замонасининг энг яхши шахсият сифатида кўрилгани сўнгги тадқиқотларга кўра унинг тарихий ҳаётига ҳатто унинг тарихий шахслилигига шубҳа билан қарамоқда. Фақатгина тарих танқиди билан бундай маълумотларни ҳақиқий ёки сохталигини исботлаб бериш муҳим бир йўлдир» [7.29.32.]. Тарихда бунга ўхшаш ҳолатлар бошқа фанларда ҳам мавжудлиги бу каби фикрларни исботлаш учун ижтимоий фанларда аниқ далил топиш мушкул вазифа бўлганлигига фақат қўлёзмаларга таянамиз.
Заки Валидийнинг шогирди, тарихчи олим Тунжай Бойқаро: «Валидий 1923 йил 21 февралда йўлга чиқиб, 12 мартда Эроннинг Машҳад шаҳрига боради ва 20 апрелигача кутубхонада илмий тадқиқотини олиб боради. Бу вақт оралиғида олим вақтдан унумли фойдаланади. Темурийлар ва Нодиршоҳ даврига оид асарларни ўрганади» [7.30.25.], деб ўз асарида ёзади.
Валидий бу тўғрида Машҳад кутубхонасидан топилган муҳим асарлар ҳақида орадан бир йил ўтиб, Париждаги «Осиё Жамиятида»ги нутқида сўзлайди [7.16.149-151.]. Бу асарлар орасида милодий IX-X асрнинг биринчи ярмида яшаган Ибн ал-Фақиҳнинг асарини Машҳад нусхасини Россия фанлар академияси журналидаги таҳлили хусусидаги мақоласи [7.15.297-304.] ва унга «Осиё Жамиятида»ги нутқида Машҳадда ибн Фадлан ҳамда Абу Дулаф исмли икки сайёҳнинг асарлари бор бўлган. Машҳад нусхаси эса, ҳар икки асар ва Ибн ал-Фақиҳ китобининг бизга қадар етиб келмаган деб кўрсатилган тўлиқ нусхаси бўлади» [7.63.105-113.]. Асарни топганининг иккинчи куни

Сомибейни ҳам кутубхонага олиб келиб ушбу асарлардан фойдаланиши учун кутубхона мудиридан рухсат сўрайди ва кеча-кундуз ишлаб асарни кўчириб олади ва тавсифлайди.
Заки Валидий: «Ибн Фадланнинг «Саёҳатнома»си» Россия учун ўзгача аҳамият касб этади. Ибн Фадлан Ўрта Осиё, Бошқирдистон орқали Волга бўйи ва Булғордаги мил авв. 922-923 йиллардаги саёҳатлари ҳақида ўз кузатувларида ёзиб қолдирган» [7.40.11.]лигини ўз докторлик диссертациясида тахлил қилади. Бу тадқиқот Заки Валидий ҳаётида катта ютуқ бўлиб, бу асарини Вена университетида докторлик диссертация [7.25.336.]си мавзуси сифатида ишлайди. Диссертация иши Германиянинг «Шарқ Жамияти» нашриёти томонидан чоп этилади. Валидийни мазкур илмий изланишлари Германия ва бир қанча Европа давлатлари университетларининг фахрий аъзоси деб сайланишига асос бўлган.
Шунингдек, Ибн Фадланнинг «Саёҳатнома»си туркийлар ҳаётига доир қимматли фикрларини ўзида жам қилган. Тарих институти кичик илмий ходими Ҳ.Мамадалиев: «Ҳанафий мазҳаби томонидан от гўшти макруҳ этилгани учун Ўғузлар Исломга кирганларидан кейин от гўшти тановвул қилишни тўхтатганлар. Ўғузларда Исломдан аввалги дин одамлари қом (шомон) деб аталган. Аслида шомон сўзи тунгусча бўлиб, туркийларда деярли қўлланилмаган. Ўғузларда Худога нисбатан Боёт ва Уған сўзлари ҳам қўлланилган. Қомлар ота унвони билан аталганлар. Масалан: Қўрқут ота, Занги ота каби. У замонларда отани қанғ деганлар. XIII асрга келиб эса ота ўрнига бобо калимаси ҳам қўлланила бошлайди. Туркий қабилалар шомонларнинг илоҳий куч соҳиби бўлиб, ноёб қобилиятларга эга эканликларига ишонганлар ва уларнинг олдида катта бир қўрқув ва хурмат ҳиссини туйганлар. XI асрга келиб ўғузларнинг Қора денгиз бўйларига кўчган кичик бир қисмидан бошқа ҳаммалари мусулмон эдилар» [9.2.] – деган маълумотни беради.
Валидий Истанбул кутубхонасида Ислом ҳуқуқига оид қўлёзмага дуч келади. У асарни чуқур ўрганиб, қўлёзма

Хоразмда хоразм шевасида ёзилган деган хулосага келади. Валидий илмий изланишлари натижаси ҳақидаги биринчи мақоласини 1927 йилда «Islamica» [7.64.190-213-б.] журналида нашр эттиради. 1951 йилда у Истанбул университети нашриётида Хоразм шевасига доир 44 бетдан иборат «Horezmce tercimeli Muqaddimat al-Adab Khorezmian Glossary of the Muqaddimat al-Adab» [7.65.] номли луғат чиқаради. Бу ҳақда Валидий шарқшуносларнинг XXII Халқаро конгрессда маъруза қилади. Ҳиротдаги Темурийлар даврида жуда кўп кутубхоналар бўлганлигини Заки Валидий «Хотиралари»да шундай ёзади: «Бу кутубхоналарнинг бутун бойлиги Жомий, Мирхонд, Хондамир ва Муҳиддин Исфизорий асарларига манба бўлиб хизмат қилган. Бироқ, бу ерда ҳеч бўлмаганда Машҳаддагидек умумий кутубхона ҳам мавжуд эмас экан. Бу ерда чоп этилган «Иттифоқи Ислом» газетасининг юқорида номи тилга олинган муҳаррири Салоҳиддин Салжуқий ва маслаҳатчи Башир Аҳмадхонларнинг ёрдами билан шахсий кутубхоналарда, Ҳирот Жомеъи Кабирига қаровчи баъзи биноларда, Гозургоҳда сақланиб қолган асарларни кўрдим. Ҳиротда қабрларга оид «Василат ал-сафоат» асаридан бошқа тарихга оид асарлар йўқ эди. Лекин бу ерда Ислом ҳуқуқига оид қўлёзма асарлар орасида XIII аср бошида Чингизхон истилоси натижасида ўз ўрнини туркий тилга бериб, йўқ бўлиб кетган Шарқий Эрон тили деб ҳисобланган «Хоразм туркий» ёзувини «из»ларини топганман» [7.28-416-б]. Шу билан бирга бу тилда бир неча асарлар араб ёзувида ёзилганлигини таъкидлайди.

Валидий Қобулдалигида Бобур Мирзо ва унинг ўғилларига оид обидаларни ва Баграм (Шоҳ Баҳром) харобаларини зиёрат қилиб, уларда ёзилган маълумот ҳамда шеърларни дафтарига кўчириб олади. Қўлёзма асарлар орасида энг муҳими Рашидиддиннинг мукаммал миниатюрали «Жоме ат-таворих» китоби, «Темур тузуклари»нинг турли ривоятларини ўз ичига олган нусхалари, XIV-XVI аср Туркистоннинг иқтисодий тарихига оид жуда қимматли ҳужжатларни ўз ичига олган маълумотлар, кейинчалик,

йўқолган «Жоме ал-Вақойиф» («Вақфлар тўплами») номли асари, Қошғар ва Кашмир тарихига оид асарлар,ҳамда сўнгги афғон ҳукмдорларининг васиқалари бўлади.
Олим Бомбейдалигида китоб сотувчилардан бир нечта китоб сотиб олади. Жумладан, Бобурийлар даврининг буюк олими ва мутафаккири Неъматуллоҳ Вали Деҳлавийнинг «Ҳужжатуллоҳ ал-балоға» номли фалсафий асари, Берунийнинг Лейпцигда нашр этилган асарлари, Минҳож Жузжоний, Байҳақий, Шарофиддин Али Яздий ва ҳинд Ислом тарихчиларининг мутасаввифлар ва шоирларга бағишланган тазкиралари, «Biblioteca Indica»да чиққан асарлари, тарихчилар Шаҳобиддин Абдуллоҳ ибн Фазлуллоҳ Шерозий Вассоф ҳамда Хондамирлар ёзган манбалар, Абдулҳақ Деҳлавий ва Хусрав Деҳлавий, Шаҳзода Доро-Шукуҳнинг асарларини олади.
У Беруний, Жузжоний ва Эллиотларнинг асарларини сотиб олади. Асосан Заки Валидий 1923 йилдан сиёсий фаолиятини тугатиб, илмий изланишга киришади. Шахсий кутубхонасининг пойдевори эса Машҳад, Қобул ва Бомбейда барпо бўлади. Кутубхонанинг ташкил бўлишида Фарғонадаги истиқлолчилар сардори Шермуҳаммад (Шермуҳаммад қўрбоши)нинг ҳам ҳиссаси катта эди. У «Хотиралари»да Валидийга Мирхонднинг «Равзат ус-сафо» асарини берганини таъкидлайди. Заки Валидий 1925 йил 14 апрельда В.В.Бартольдга ёзган мактубида 1923 йилда Зарафшон ва Хоразм воҳаларидаги этнографик, этногенез, фольклор, халқ табобати туркий халқлар туб аҳолиси ҳақида маълумотларни ёзганлигини баён этиди. Валидий «Қорахонийлар тарихига оид баъзи маълумотлар» мақоласида XIII асрда йўқолган Хоразм ва форс тили фиқҳ ва араб тилидаги луғатларда учрашини туркий ва форсларнинг урф-одатлари, маданий ва иқтисодий ҳаётларига оид маълумотлар Зарафшон ва Хоразм воҳаларида ёзилган китобларида кўзга ташланганлигини эътироф этади.
Самарқандда бўлган хитойлик сайёҳ, буддавий Хуан-Чанг, бу ерда Будда монастирида тўхтаб ўтган ва номланишини

тахминан Навбаҳор деб эканлигини айтиб ўтган. Бу билан бир қаторда илк Ислом даврларида «Шаҳристон» қалъасида «Темир дарвоза» (Боб ал-Ҳадид) номли бир дарвозаси бор эди. Бу дарвоза араб жуғрофия китобларида ёзилишича, «Навбаҳор дарвозаси» яъни, «Янги Вихара дарвозаси» бўлган. «Тамғачхоннинг ҳукмронлик даврида «Масжид» номи бугун «Шоҳизинда» яқинида ярми сақланиб қолиб, «Масжиди Ҳизр» бўлиши айтилади. Ҳужжатда ёзилишича: «Бинолар ичида энг муҳими «Етим боласи» номли катта бир сарой ҳисобланган. Бу саройнинг ичида талабалар ётоқхонаси, меҳмонлар учун хоналар, отхона, сомонхона, 4 та тандир, дўконлар бўлганлигини» [7.65.7-10] ҳам таъкидлаб ўтади. Бу вақтда қирғиз ва қорақалпоқ тилларидаги алифбо мустақил адабий тил алифбоси сифатида рус алифбосида тузилди, ҳар икки тилда ҳам шўро газеталари коммунистик тарғибот асарлари, дарсликлар ва ҳар хил нашрлар чиқарди. Машҳур қирғиз адиблари бўлган: Эсангали Араббой ўғли, машҳур театр асари «Атал Ордуна»нинг муаллифи Юсуф Турсунбеков «Қуйгули Кўкей»нинг муаллифи Мулла Ғози Тоқабойлар Қирғиз адиблари учун «Манас» ва «Эртуштук» достони уларнинг адабий фаолиятига муҳим манба бўлиб хизмат қилди.

Рус тилини яхши билган шарқий туркийлар А.С.Пушкин ва Данте асарларини Гётени «Фауст»ини таржима қилишган. Рус тилини яхши ўзлаштирган туркийзабон халқлар учун араб ва форс тилларидан кирган сўзлар, чиғатой давридаги эски адабий тил шакли доимий номаълум бўлган. Бу борада Валидий: «Бу халқларда араб ва форс тилларини нозик билимдонлари ҳамиша кўп бўлса-да, кенг халқ оммаси арабий, форсий ва эски туркий тилдан узоқлашган эдилар» [7.67.229-249-б.], дейди. Шуниндек, олим «Маҳмуд Қошғарийнинг харитасида ҳам, китобидаги каби ҳинд, Хитой ва Будда маданиятларининг изи сезилиб туради. Сариқ дарё ва Янг Цзе Киянгнинг қадимги Хитой хариталарини эслатувчи чизмаси ҳам фикримиз далилидир. Фикримча, мазкур харита мазмун моҳиятига кўра, Будда асарларининг нусхаси бўлиб, Қадимги Хитой хариталарида Европа хариталаридаги каби шимол, Ислом хариталарида жануб, Маҳмуд Қошғарийнинг харитасида эса, қадимги туркийларнинг қибласи саналган Шарқ марказ ҳисобланади. Яъни бунда шимолий туркийлар космогонияси ҳукмрондир. Кейин харитада қўлланилган буёқ ҳам асл ва ноанъанавийдир», - деган фикрларини баён этади. [7.17.27-30-б.]. Хулоса, қилиб эса ушбу харита қадимги туркий маданиятни ва туркийларнинг жаҳон ҳақидаги тасаввурларининг энг муҳим, қимматли ҳужжат эканлигини таъкидлайди.

Умуман олганда, Заки Валидий олиб борган тадқиқотлардан маълум бўладики, бугунги кундаги Туркистондаги санъат асарларининг энг ажойиб ва гўзал намуналари Темур ва темурийлар даврига оиддир. Чингизхон қадимги туркий давлат бошқаруви анъаналарини қайта тиклаган бўлса, Амир Темур уни Ислом маданияти билан уйғунлаштириб, мустаҳкам туркий маданиятни юзага келтирди. Туркий қабилаларни ўтроқ ҳаётга одатлантирди. Бугунги кунда ўша даврда яратилган асарлар Европанинг кутубхона ва музейларидаги энг нодир, энг қимматбаҳо санъат асарлари сифатида баҳоланади.

Хуллас, Туркистон тарихи тўғрисида ёзилган асарларда Заки Валидий нафақат тарихчи, балки файласуф ва шарқшунос олим сифатида яққол намоён бўлади. У ўз илмий изланишлари асосида туркий халқларнинг жаҳон цивилизациясига кўрсатган таъсирини илмий-амалий жиҳатдан исботлашга интилади. Валидийннинг файласуф, исломшунос, шарқшунос, манбашунос, тарихчи, туркийшунос бўлиб етишишида унинг Туркистонда 1913-1914 йиллардаги илмий сафари тўғрисидаги «Хотиралар»ида батафсил маълумотлар келтирилиб илмий жамоатчиликка маълум қилинади. Баъзи тўлиқ маълумотни ўз асарларида келтириб ўтади.

## II.БОБ. АҲМАД ЗАКИ ВАЛИДИЙ ИЖОДИДА ШАРҚ ВА ҒАРБ МУТАФАККИРЛАРИ ДИНИЙ-ФАЛСАФИЙ ТАЪЛИМОТИНИНГ АКС ЭТИШИ

Заки Валидий туркий халқларнинг ижтимоий ҳаёт ва дин тўғрисидаги қарашларида бағрикенглик, тинч-тотув яшаш ва ўзаро илмий ҳамкорликнинг ғоявий асосларини излайди. Айниқса унинг диний тафаккурнинг анъаналарини ривожлантириб, уларда кўтарилган фалсафий муаммоларга яқин муносабатларини ишлаб чиққанлиги эътиборга моликдир. Ислом таълимоти ва фалсафасидаги ахлоқий қарашлар ҳақида Валидий келтирган маълумотларга кўра, туркий халқларнинг ўзига хос эътиқод ва фаолияти асосидаги инсонпарварлик туйғулари, фазилатларига амал қилиб яшаш, ҳақиқат ва адолат, қонун ва тартиб, шафқат ҳамда мурувват, эркинликни юксак қадрланган, комилликка интилиш устувор аҳамият касб этганлигин таъкидланади. Шунингдек, мазкур бобда Заки Валидий асарларида Абу Райҳон Беруний ва Ибн Халдунларнинг диний-фалсафий, илмий меросини ўрганилишини қиёсий таҳлили исломшунос олимлари меросини адиб томонидан тадқиқ этилиши, олимни Қуръони Карим ва миллий-маънавий тафаккур тараққиёти ҳақидаги қарашларини ёритишнинг ўзига хос хусусиятлар бўйича изланишлар олиб борилган.

## 2.1. Аҳмад Заки Валидий асарларида Шарқ ва Ғарбнинг маънавий-маданий ва диний-фалсафий мулоқоти таҳлили

Жаҳоннинг Эрнест Ренан, Уильям Дрэппер, Рейнард Дози, Паул Валери, Кайзерлинг, Густав Ле Бон, Освальд Шпенглер, Арнольд Тойнби ва Вилл Дюрант каби шарқшунос олимларининг асарларида Ислом фалсафаси борасида танқидий ва таҳлилий нуқтаи-назардан ўрганиш бўйича қарашлар ёритилган. Мазкур Ғарб олимларининг Шарқ ва Ғарб илм-фан тараққиёти ҳақидаги қарашларида бир томонлама ёндашув яъни «Европацентризм ғояси» устувор эканлигини кузатиш мумкин. Аслида эса географик жиҳатдан Ғарб ва Шарқ бир-биридан узоқ масофада жойлашган ҳудуд бўлса-да илм-фан ва фалсафий билимлар ривожи нуқтаи-назаридан бир-бирини тўлдирган. Шунинг учун ҳам ўз даврида немис файласуф олими Гёте ўзининг «Ғарб ва Шарқ девони»да Шарқ ва Ғарб маданиятининг уйғун жиҳатларини илмий-амалий жиҳатдан асослаб берган. Валидий рационализм, ҳар бир инсон учун билиш зарур бўлган мантиқий тафаккур ва тажрибада синалган билимларга ишониш заруратини Ғарб файласуф олимлари биринчилардан бўлиб танқидий тафаккур усулидан фойдаланиб, ўз қарашларини илмий жиҳатдан асослашга ҳаракат қилганликларини таъкидлайди. Ўз навбатида Шарқ мамлакатларидан фарқли равишда Ғарбда демократик давлат, ижтимоий муносабатларнинг ҳуқуқий асослари, тадбиркорлик борасидаги либерал-иқтисодий ташаббусларга алоҳида эътибор қаратганлигини, бироқ шарқ мамлакатларида Ғарбдан фарқ қилувчи илм-фан соҳаларини ривожлантиришга катта эътибор берилганлигини асослайди.

Ўзбекистонда Шарқ ва Ғарбнинг диний-фалсафий мулоқотини таҳлилида хориж, хусусан, Ғарб олимлари томонидан бу йўналишдаги илмий тадқиқотлари билан танишмасдан туриб, қиёсий таҳлили ва баҳосини бера олмайди. Ғарб тадқиқотчилари эришган илмий ютуқларини ўрганиш ва баҳолаш шуни кўрсатадики, Шарқ ва Ғарб диний-фалсафий мулоқоти масаласига, баъзан, холис ёндашилмаган. Шу боис, айни шу муаммони бир бутун ва яхлит ҳолда тадқиқ этишда субъектив фикр-мулоҳазаларни учратиш мумкин. Масалан, баъзи ўзбек ва рус олимларининг мазкур соҳадаги ишларидан фақат фактологик маълумотлар, уларни таржима ва нашр қилишдаги мафкуравий қарашларнинг таъсирини кўриш мумкин.

Ҳозирги кунга келиб ЎзР ФА Шарқшунослик институти бўлимларда ҳам жуда кўп қўлёзмалар араб, форс, турк тилида Ислом дунёсига тааллуқли манбалар чуқур ўрганилмоқда. Айниқса, Президентимиз Шавкат Мирзиёевнинг БМТ Бош Ассамблеясида сўзлаган нутқида «Маърифат ва диний бағрикенглик» деб номланган махсус резолюциясини қабул қилиш таклифи [1.3.] билан чиққанлигини ва ушбу резолюция бағрикенглик ва ўзаро ҳурматни қарор топтириш, диний эркинликни таъминлаш, эътиқод қилувчиларнинг ҳуқуқини ҳимоя қилиш, уларнинг камситилишига йўл қўймасликка кўмаклашишга қаратилгани билан ҳам долзарб аҳамият касб этмоқда.

Шуни таъкидлаш керакки, Ўзбекистон ҳамда Россия олимлари томонидан бир неча йирик асарларни таржима қилиш ва чоп этиш ишлари дастлаб, XX асрнинг иккинчи ярмида амалга оширилган. Бундай олим ёки файласуфлар жумласига, Россияда С.Н.Григорян [7.69.], Е.А.Фролова [7.70.], М.Т.Степанянц [7.71.], Озарбайжонда А.К.Закуев [7.72.]ларнинг илмий ишларини келтириш мумкин. Собиқ иттифоқ даврида олиб борилган мазкур тадқиқотларда жаҳон, айниқса, Шарқ ва Ғарбда шу соҳада амалга оширилган ишлар тўғрисида, умумий тарзда бўлса-да маълумот беришга ҳаракат қилинган. Хусусан, буни С.Н.Григорян [7.73.], В.В.Бартольд [7.74.] ва бошқа олимларнинг тадқиқотларида кўриш мумкин. Бироқ муаллифларнинг ҳар бири Шарқ ва Ғарб диний-фалсафий мулоқоти борасидаги тадқиқотларидан ўзлари учун зарур соҳага алоқадор бўлган маълумотларни берганлар.

Ўзбекистонлик олимларнинг илмий ишларида асл манбалар асосида Абу Наср Форобий, Абу Али Ибн Сино, Ибн Рушд, Ибн Божжа, Абу Ҳомид Ғаззолий сингари ўрта аср мутафаккирларининг фалсафий қарашлари анча батафсил ўрганилган. Ўзбек файласуфлари М.Хайруллаев, Н.Болтаев ва бошқа бир қатор тадқиқотчилар мазкур файласуфларнинг қадимги юнон фалсафасидан илҳомланган ҳолда ўз таълимотларини яратганликлари, фалсафа тараққиёти тарихига муносиб ҳисса қўшганликларини асосли ёритиб берганлар. Шарқшунослар А.М.Гуашон, А.Л.Казибердиев, С.Серебряков, Азкул Карим, Албер Насрий ушбу файласуфларнинг рисолаларини таржима қилиш ва улардаги атамаларнинг маънолари, ҳар бир тушунчага алоҳида шарҳ бериш устида жиддий илмий ишлар олиб бориб ва асарларининг таржима луғатини ҳам тузганлар.

Ислом файласуфларининг асарлари, уларнинг ЎзР ФА Абу Райҳон Беруний номидаги Шарқшунослик институтида сақланаётган асарларнинг рўйхати, улар тўғрисидаги маълумотларнинг мазмунини ёритувчи С.Мирзаев, А.Ирисов, А.Казибердиев тадқиқотлари ўзбек олимларининг Абу Наср Форобий ва Абу Али Ибн Сино сингари мутафаккирларнинг илмий меросини ўрганиш борасида қилинган тадқиқотлари қаторидан ўрин олди.

Ҳозирда ислом фалсафасининг кашф қилинмаган қирраларини ёритиб берувчи тадқиқотларни давом эттириш долзарб масалалардан ҳисобланади. Бунда ўзбек олимларидан А.Файзуллаев, Р.Носиров, А.Шарипов, М.Қодиров, М.Усмонов, А.Зоҳидий каби тажрибали файласуфларнинг бир қанча мақола ва илмий ишларидан самарали фойдаланиш мақсадга мувофиқдир. Чунки, улар Ислом фалсафаси вакилларининг диний-фалсафий мероси тўғрисида муҳим хулоса ва маълумотларни берганлар. Аммо мазкур тадқиқотларда ҳам Шарқ ва Ғарб диний-фалсафий мулоқоти масаласининг муҳим томонлари ўз ечимини топмаган. Айни пайтда, Шарқ ва Ғарб диний-фалсафий мулоқоти масаласини илмий бағрикенглик ғоялари нуқтаи-назаридан янги илмий далиллар орқали аниқлаш ва кўрсатиб беришда, А.Э.Абдусамедов, З.Мунавваров [5.9], А.Ҳасанов [4.10.], М.Имомназаров [4.11.] З.М.Ҳусниддинов [6.5.], Р.М.Баҳодиров [4.12.]нинг илмий тадқиқотларини кўрсатиб ўтиш ҳам мақсадга мувофиқдир. Лекин, ҳозиргача Ўзбекистон, Россия, Ғарб олимлари ва файласуфларининг Шарқ ва Ғарб диний-фалсафий мулоқотини ўрганиш бўйича амалга оширган ишларини на хорижий, на Россия, на ўзимизнинг тадқиқотчилар бир бутун ёки яхлит ҳолда махсус таҳлил этмаганлар.

Валидийнинг фикрича: «Ғарбдаги тарихни талқин этиш ва методологик ёритиш нуқтаи-назаридан Шарқда ҳам тарихни талқин этишнинг ўз ўтмиши бор. Юнонлардан Фукидид ва Полибий тарихда фалсафий таҳлилни асослаб беришга ҳаракат қилган илк олимлардир. Уларнинг усули прагматик тарих усули эди. Бу усул кейинги даврларда ҳам давом эттирилган ва ривожлантирилган. Римликлар даврида тарих бадиий завққа тобеъ бўлиб, унга санъат нуқтаи назаридан қаралиб, илмий тарих тизимини яратиш масаласига кўп ҳам аҳамият берилмаган. Фақат Тацит ўша Фукидиднинг йўлини баъзи бир хусуслардагина давом эттирган.

Христианлик ва Ислом дини ҳукмронлиги даврларида тарих соҳасида узлатчилик ҳукм сурган, диний теократия назариялари ғолиб бир давр эди. Византияда тарих фани устидан теология ҳоким эди.Уларнинг нуқтаи назарига кўра, тарихнинг содир бўлиши сабаби маълум – Аллоҳ Таоло ва унинг тақдир ҳақидаги қарашларидир» [4.2.58.], Ислом фалсафаси шаклланиши ва ривожланиши жараёнини тадқиқ қилган кўплаб Ғарб олимлари Ислом фалсафаси, араб-Ислом фалсафаси, мусулмон фалсафаси, ёки араб фалсафаси сифатида тилга оладилар [7.75.]. Фикримизча, масалага бундай ёндашиш нисбий аҳамиятга эга. Чунки, ўрта асрлар мусулмон Шарқи маданияти ва фалсафаси тадқиқотчилари қаторида араблардан ташқари форс, яхудий, турк, тожик, ўзбек, озарбайжон, яъни араб халифалигидаги барча халқларнинг вакиллари ҳам иштирок этганлар. Бироқ ўша даврдаги аксарият фан соҳаларининг мулоқот воситасига айланган араб тилида ёзилган асарлар кўп бўлганлиги сабабли аксарият Ғарб олимлари томонидан ўрта асрлар Шарқ фалсафасини-араб фалсафаси сифатида талқин қилинишига асос бўлиб хизмат қилган. Шу билан бир қаторда Валидий Шарқ ва Ғарб диний-фалсафий меросининг ўзига хос жиҳатлари ҳақида юқоридаги далил асосида ўз хулосасини билдиради.

Заки Валидийнинг Шарқ ва Ғарб диний-фалсафий меросини ўрганиш борасидаги қизиқишларини янада кучайишида хорижий тилларни ўрганишга бўлган интилиши ҳам муҳим аҳамият касб этганлигини Профессор Бегали Қосимов «Миллий ўйғониш» китобида шундай изоҳлайди: «У туркшунос бўлиб, араб, форс ҳамда Европанинг кенг тарқалган илмий тиллари инглиз, француз, немис тилидан ташқари қадимий Ғарбда лотин тилини шарқда хитой ёки ҳинд тилини билиши шарт, деб ҳисоблар эди. Ўзи эса, бу тилларни кўпини билар, Европанинг ҳар уч тилида эркин ёза олар, лотин тилини эса, Қозондалигида ўрганишни бошлаган эди» [4.5.].

Заки Валидийнинг шогирди Тунжай Бойқаро устози ҳақидаги китобида ўз қарашларини қуйидагича изоҳлайди: «Миллатлар маданияти Европа ва Шарқий миллатлар ва уларнинг аъанаси, урф-одатлари, динлари, ахлоқий қарашлари ўртасида қарама-қаршилик бор. Бундай қарама-қаршилик европаликлар ўртасида сақланганидек, Шарқ халқлар ўртасида худди шундай сақланган. Бироқ ҳозир маданият ва саънатнинг фаолияти усуллари техникалашиб, алмашиб бутун дунёда умумий бўлиб қолмоқда. Валидий улуғлаган юнонлар Қуръони Каримдаги Искандар Зулқарнайнни у Юнон, Рим ва Миср халқларининг умумий қарашларида «Аҳлул мағриб» (Ғарб халқи) Ҳиндистон ва Хитойни эса бир хил умумий қарашлари бор, деган хулосага келиб, (Аҳлул машриқ) деб ифодаланган. Бу икки дунё ўртасидаги хислатларни турли эканлигини аниқлайди [7.30-209-б]. Ислом дунёси қадимий юнонлардан илмда орқада қолиш даври дин цивилизация билан тўқнашганда пайдо бўлган, деган хулосани билдиради.

Заки Валидий Ғарб ва Шарқ шарқшунослари билан алоқаси бўлганлигини Калькуттадаги «Осиё» нашриёти 1886 йил Ислом олимларининг ишларини нашр қила бошлаганлиги мисол билан боғлайди. Унинг маълумотларига кўра: «Биринчи жаҳон уруши пайтида кўпгина немис олимлари Туркияга кўчиб кетишган. Тез орада улардан кейин бошқа миллат вакиллари ҳам кела бошлаганлар. Европа олимлари доимий яшаш учун Шарққа кўчиб келишган. Буни баъзи бир Европадан кўчиб келган олимларнинг лотин алифбосидаги ёзган асарларидан билиш мумкин. Валидий мақолада Шарқ ва Ғарбнинг келажакдаги ҳамкорлик алоқалари юқори савияли олимларнинг пайдо бўлишига ҳар томонлама таъсир ўтказади [7.8-249-271-б] деб умид билдирган. Ушбу мақолада келтирилган фикрга кўра нафақат алифбо балки баъзи бир ғарбдан кириб келган сўзларни ҳам кўриш мумкин.

Шунингдек, Заки Валидий: «Қадимги юнонликларнинг Шарқ ҳақида келтирган маълумотлари хатодир. Ислом динидан аввал бу ўлкаларга (Туркистонга) Ғарб олимлари келолмас, уларга ишонч йўқ эди. Ислом узоқ Шарқ билан Ғарб ўртасидаги маданий алоқаларни тиклади» [7.21.361-372-б], деган хулосага келади. Бундан маълум бўладики, жаҳон тафаккур тараққиёти тарихида муҳим ўрин тутувчи фалсафий таълимотлар Ўрта аср мусулмон Шарқида яратилгандир. Бунда асосан Муҳаммад ал-Хоразмий, ал-Киндий, ал-Фарғоний, Абу Наср Форобий, Абу Райҳон Беруний, Абу Али Ибн Сино ва бошқа Ўрта Осиёлик олимларнинг хизматлари беқиёсдир. Улар томонидан илгари сурилган ғоялар асосида Европада фалсафа уйғонди ва Уйғониш даври фалсафаси вужудга келди. Абу Наср Форобий ва Абу Али Ибн Сино фалсафасидаги рационализм Ибн Рушд томонидан Ўрта асрлар Европасига кенг ёйилиши Ренессанси Уйғониш даврининг вужудга келиши учун ғоявий асос бўлганини Ғарб шарқшунос олимлари ҳам эътироф этаётгани бежиз эмас.

Заки Валидий «Наливкин Фарғона хотинлари тўғрисида» номли мақоласида, охирги вақтларда Шарқни ўрганиш ишлари учун Ғарбдан келган миссионерларни надомат билан таъкидлаб ўтади. 1968 йили 8-12 февраль кунлари Поқистонда ўтказилган «Қуръон ва турклар» мавзусидаги анжуманда Заки Валидий Тўғон маъруза қилади. Инглиз тилидаги асл нусха бунинг ёрқин далилидир. Анжуманни Аюб Хон номидан Поқистон Адлия ва Қонун вазири Зафархон, Поқистон Исломий тадқиқотлар маркази институти раиси ва Исломий ўқув мажмуасининг мудири профессор Фазлурраҳмон, Исломобод, Лаҳор исломий тадқиқотлар институти раиси Алоуддин Сиддиқийлар бошқарганлар. Бошқа давлатлардан профессор Жавдот Али (Ироқдан), Аҳмад Бакурий (Мисрдан), Теҳрон университети Адабиёт факультети декани Саййид Ҳусайн Наср (Эрондан), Хартум университети ректори Абу Бакр (Судандан), Ўзбекистон муфтийси Зиёвуддин Бобохонов (собиқ СССР, Ўзбекистондан), профессор Умар Фаррух (Суриядан), Мустафо Камол Тарзи (Тунисдан), Абдураҳмон Духайлий (Марокаш), профессор Ҳасан (Малайзиядан), Маориф вакили Саййид Юсуф ар-Руфоий (Қувайтдан), Муҳаммад Аҳмад (Кашмирдан), Аҳмад Алуто (Филиппиндан), кореялик тўрт мусулмон, Саййид Жива (Африкадан) каби олимлар иштирок этганлар.

Анжуман бир қанча бўлимларга бўлиниб ишлаган. 1. «Ислом ва рационализм», 2. «Ислом ва дунё келишуви», 3. «Ислом ва ижтимоий адолат» деб номлаган бўлиб, асосийлари Исломда рационализм ва ижтимоий соҳадаги исломиятга қаратилган. Мазкур илмий анжуманга ташриф буюрган барча маърузачилар жиддий тайёргарлик билан келишган эди. Ғайримуслим давлатлардан фақат СССР иштирок этган. Ислом оламининг илмий муаммолари Фазлурраҳмон, ижтимоий-сиёсий муаммолари эса аслида туркий бўлган Мустафо Камол Тарзий маърузаларида батафсил ёритилган эди.

Заки Валидийнинг Зигмунд Фрейд билан танишиши ҳам ўзига хос маъно-мазмун касб этган. Валидий 1935 йилда

Венада таҳсил олаётганида шарқшуносликка оид семинарига ва профессор Стрезеговскийнинг Санъат тарихи институтига яқин бўлиш учун Берггасе кўчасидаги 9-уйдан ижарага хона олади. Уйнинг пастки қаватида Фрейднинг Психоанализ институти жойлашган бўлиб, бир суриялик арман талаба Фрейднинг олдида ишлар экан, у Заки Валидийга баъзи китобларини беради. Валидий уларни ўқиб чиқади, унга Фрейднинг фалсафаси ёқмайди. Шунда Зигмунд Фрейдга: «Мен Осиё яйловларидан келган одамман, оёқларимни бу шартингизга кўндира олармикинман» [7.28.21.], ўз даврида Шарқ ва Ғарб диний-фалсафий тафаккуридаги мураккаб воқеъликларини тадқиқ этишда Валидийнинг ғарбнинг таниқли олимлар билан бўлган мулоқоти ҳам муҳим аҳамият касб этган.

Ўз навбатида, Валидий бу ерда асосан риёзиёт билан машғул бўлган. У тоғасининг Истанбулдан келтирган китобларини ўқир, мусулмон Шарқи ва Ғарбининг диний таҳлилида Эрнест Ренаннинг, америкалик доктор Н.В.Дрэппернинг, олмониялик Артур Шопенгауэрнинг дин ва илмга Туркияда чоп этилган асарларини ҳамда Ислом динининг ижтимоий масалаларига оид мисрлик Муҳаммад Абдо ва Фарид Важдий каби олимларнинг араб тилидаги асарларини ўқиб, фойдаланади. Шу даврларда Ренан ва Дрэпперга қарши ёзилган раддиялардан кўра кўпроқ уларнинг ўзлари қизиқтиради. Шундан бошлаб олимда уларнинг аслини ўқиш иштиёқи пайдо бўлган.

Айни шу сабабли аллома «Ислом динисиз ва франк-герман маданияти кўринишларини, (Пиренне формуласига кўра, агар Осиё халқлари Ислом дини учун бир-бирлари билан бирлашмаган бўлганда улар океангача бўлган жойларда кенгаймаган ва ҳеч қачон жаҳон маданиятига (цивилизациясига) айланмаган бўлар эди» [7.76.511-527-б.], деган хулосага келади. Ўз навбатида Ғарб олими Брайфолт ўзининг «Инсониятнинг пайдо бўлиши» китобида Ғарб цивилизациясининг негизи ҳақида шундай ёзади: «Рожер Бекон, араб тилини, араблар тўғрисидаги ва араб тилидаги илмларни Оксфорд мактабида, Андалусиядан чиққан араб муаллимларининг издошларидантаълим олди. Илмий экспериментал метод (илмий-амалий метод)ни биринчи бўлиб Френцис Бекон қўллади» [7.77.], деган хулосани беради.

Заки Валидий 1935-1939 йилларда Германия, Англия, Франциянинг илмий журналларида Шарқ ва Ғарб илмий алоқаларини ўзида намоён этган «Мусулмон Шарқи ва Ғарбининг илмий ҳамкорлиги» [7.8.], «Ибн Фадланнинг саёҳатномаси» [7.25.], «Марказий Осиёнинг Ўрта асрлардаги аҳолиси зичлиги» [7.78.], «Гётенинг Шарқни англаши» [7.24.], «Беруний жаҳон харитасида» [7.79.142.], «Беруний шимол халқлари тўғрисида» [7.8.38-51.], «Ҳиндистон археологик ёзишмалари» [7.2.3-9.] каби илмий ишларини ҳам нашр эттиради.

Заки Валидий «Гётенинг Шарқни англаши» деб номланган мақоласида келтирилишича: Гётенинг Шарқ шоирларига назира тарзида ёки улардан таъсирланган ҳолда шеърларни жамлаб тузган «Шарқу Ғарб девони» унинг асарлари орасида «Фауст» каби мувафақияти ва ҳатто бир жиҳати билан унга тенг ҳисобланади. Яъни Гёте «Фауст»ни узоқ йиллар мобайнида ғарбнинг буюк шоири бўлиш йўлидаги такомилида ёзган ва қайта-қайта тузатишлар киритган. Орада достонлар, юнон афсоналари ва тарих билан бирга олмон миллатининг фикрий, руҳий тамойилларини кўриб чиқади. «Шарқу Ғарб девони» га эса ҳаётининг сўнгги дамларида тартиб берган» [7.24.3-9-б]. Хусусан, Гёте Ислом Шарқи шоир ва файласуфларининг тафаккур тарзларини англаган, маъқуллаган Ғарб мутафаккири сифатида уларнинг асар ва суҳбатлари асосида мушоҳада қилади. Адибнинг кичик ҳажмли «Шарқу Ғарб девони» ҳам, унга ёзилган шарҳлар ҳам узоқ йиллик кузатишлари натижасидир.

Валидий қадимги даврлардаги: «Ғарб ва Шарқ илмий ҳамкорлигини таҳлилида Шарқ олимлари асарлари таҳлили шажарасига алоҳида эътибор қаратади. Қадимги юнонлар Олимпиадада ғолиб чиққанларнинг рўйхатини ва Афина зодагонлари ҳамда аргонавтларнинг шажарасини тузганлар.

Римда консулларнинг ҳокимиятдаги йилларини, кейинчалик папаларнинг папалик йилларини кўрсатувчи, усмонийлар даврида эса амалдорларнинг вазирларнинг, шайхулисломларнинг жадваллар тузилган. Котиб Чалабийлар ўзининг «Тақвим ут-таворих» асарида қайд этган немис қабилалари орасида ҳам бу нарсага аҳамият берилган. Аммо шажараи усул аслида Шарқ қабилаларининг одатидир» [7.29-53-б], деган таҳлилий хулосасини билдириб, кейинчалик ўз авлоди шажарасини тузиб чиқади. Бу шажара ҳозирда Заки Валидийнинг Стерлитамакдаги уй музейида сақланмоқда.

Заки Валидий туркийларнинг келиб чиқиши ва ҳозирги ҳаётини тарихи тўғрисида «Турк-татар тарихи» номли китоб ёзади. Асарда туркий халқлар тарихи билан биргаликда дини, маданияти, маънавияти, географик жойлашуви, ўсимликлар дунёси ҳақида ҳам маълумотлар берилган. Муаллиф китобда туркийлар катта халқ бўлиб, ҳозирги кунда Шимолий Осиё ва Шарқий Европада бир хил тилда сўзлашишларини таъкидлайди. Заки Валидий туркийларнинг асосий қисми исломга эътиқод қилувчилар бўлиб, Шимолий Европа, яъни Сибир туркийлари ўз шомонийлик эътиқодларида қолишган бўлиб, бир нечта халқлар охирги вақтларда расмий равишда Шўролар ҳукумати босиб олган ҳудудларда христиан динига ўтишганлигини таъкидлайди. Туркий халқлар қадимдан бир-бирига яқин яшаган бўлиб, таржимонсиз гаплашиб, бир-бирини ўзаро тушунадилар. Китоб кейинчалик 1912 йилда «Турк юрти» журналида нашр этилади. Бу асарга немис шарқшуноси Мартин Хартман, Херман Вамберилар ижобий баҳо беришади. Туркистондан Маҳмудхўжа Беҳбудий, Юсуфхўжа Оғалиқ ўғли шу китоб билан танишишган. Асарни ўқиган Беҳбудий Валидийга «Буюк турк муаррихи» [7.28.90-91-б] дея таъриф беради. Ҳатто Маҳмудхўжа Беҳбудий Заки Валидийни тарихдан дарс бериш учун Самарқанддаги мадрасасига таклиф қилади. Беҳбудий «Ойна» журналида «Миллатни тарихини Туркистонда ўтган боболаримизни ижтимоий ҳаёти, қайси йўл билан тараққий этганини ва маданиятини билиш учун «Туркистон тарихи» бор бўлганда тарихий хатоликларни билиб ибрат олган бўлар эдик. Бу қийин масала бўлиб, бунда ёш муаррихимиз муҳтарам Аҳмад Заки Валидий афандидан умид қилмоқдамиз»[5.7.], деб ёзади ва Заки Валидийни ўзи билан учрашишни бу тўғрида гаплашиш лозим эканлигини таъкидлайди.

Валидийнинг таъкидлашича: «Шарқ ва Ғарб тилларини билувчи олимлар туркий элларида жуда оз. Масалан, Ҳиндистонда Муҳаммад Шафий, Зокир Ҳусайн, Эронда Тақизодага ўхшаган илми юқори бўлган олимлар нима сабабдандир охирги вақтларда етишиб чиқмаган» [7.28-34-б]. Валидий 1925 йилда Туркияга келганида Исмоил Соҳиб, Бабанзода Наим Бей, Ҳамдий Аксекилий каби турли тилларни биладиган олимлар сони кам бўлган. Бироқ, Туркиядаги университетларда улар биладиган илоҳиёт ўрнига Ислом маданияти дарслари қўйилгани боис бундай олимларга эҳтиёж бўлмаганлигини ҳам Валидий алоҳида таъкидлаб ўтади. Шунинг билан бир қаторда Шарқ ва Ғарб тиллари ҳамда муаммоларидан воқиф исломшунослар эндигина етишиб келаётган эдилар.

Заки Валидий: «Тарихий манбаларни, археологик қазишмаларни ўрганиш учун ҳинд, қадимий форс тилларини билиш, асосан рус, инглиз, юнон тиллари туркийлар тарихини ўрганиш учун керак», [7.81-170-б.] Осиёнинг умумий тарихини ўрганиш учун хитой тили, булғор, шарқий хунлар ва юнонлар тарихини, инглиз тилини ўрганиш керак деган фикрга келади.

1926 йили 26 мартда Истанбул университети адабиёт факультети декани профессор Фуад Кўпрулу таклифи билан Валидий Ғарб ва Шарқнинг илмий ҳамкорлиги хусусида, туркийлар тарихидан дарс беради. икки қитъанинг ҳамфикрлилигини ўрганиш асосида Валидий университетда жаҳон тарихидаги туркийларнинг ўрни, қадимги ва Ўрта асрлардаги Осиё ва Европа тарихидаги ўзаро алоқалари, туркийларнинг Англиянинг XVIII-XIX асрлардаги цивилизациясидаги ўрни ва тарихи билан таққослашга муваффақ бўлади [7.8-169-б].

1935 йил 7 июньда Валидий «Ибн Фадланнинг саёҳатномаси» мавзусида докторлик диссертациясини ҳимоя қилади. Ҳимоя куни Вена университида профессорлик унвони берилмасидан аввал Шарқ ва Европа илмий ҳамкорлигининг муаммолари тўғрисида маъруза қилади. Шу йили Парижда бу маъруза «Исломий тадқиқотлар» мавзусида чоп этилади. Олим ҳимоясигача шарқшуносларнинг Бонн университети семинарига таклиф этилиб, 1935 йил 8 июньда семинарда қатнашади. Шу билан 1938 йил кузигача Пауль Калье билан ҳамкорликда Бонн университетида ислом илмлари профессори лавозимида ишлайди. 1938 йил кузидан иккинчи жаҳон урушигача Гёттинген университети таклифи билан фаолият юритади» [7.5-32-б] дейди, ўз тадқиқотида бошқирд олими Амир Юлдашбаев.

1968 йилги Шарқшунослар илмий конгрессида тадқиқотчилар турли динлар ва диний йўналишларда маъруза қилишганида Заки Валидий Ислом динининг асл моҳиятини сақлаб қолишга содиқ қолади. Заки Валидий Ислом динини энг буюк фактор деб кўрсатади.

Валидий Муҳаммад Пайғамбар (с.а.в.) билан нафақат дин ўқитувчисидек, балки буюк шахс ва давлат арбобидек фахрланади.

Ахлоқ-одоб қоидаларини Баҳоуддин Нақшбанд ғоялари асосида ўрганиш тарафдори эканлигини айтади. Валидий Шарқ ва Ғарб дини, тарихи, маданияти ва маънавиятига оид ноёб қўлёзма манбалари ҳақида «Тарихда усул» номли асарида изоҳ беради. Шунингдек: «Шарқда ҳам Ғарбда ҳам ҳар бир халқ келиб чиқишини билиш учун тарихий далилларни асосида жамлаш керак»[7.29.], деб таъкидлайди.

Шунингдек, Валидий: «Истанбулда «Ҳуқуқ факультетида 1950 йил 17 майда «Мусулмон Шарқ ва Ғарбнинг илмий ҳамкорлиги» мавзусида маъруза қилдим. Маърузамда Исломнинг Шарқ ва Ғарб мамлакатларининг илмий

алоқалари тўғрисида сўз юритиб, XIX асрнинг иккинчи ярмида Шарқ ва Ғарб мамлакатларининг илмий алоқаларидаги Исломнинг ўрни тўғрисида қуйидаги масалалар бўйича мунозара қилдим.
1. Ҳамкорликнинг турли хил фаразлари ва натижалари ҳамда уларнинг ҳозирги кунгача давом эттириш;
2. Ислом халқларининг услуб, илмий техника ва илмий ишлар ҳамкорлигини йўлга қўйиш;
3. Мамлакатимизда Ислом тадқиқотлари (Туркияда);
4. Навбатдаги Шарқшунослар конгрессида ҳал этиладиган масалалар.
Шарқшунослар Европа фани усулларини қўллаш ва уларнинг фикрлаш тарзи таъсири асосида илмнинг ривожига ўз ҳиссаларини қўшишди.
Бу жабҳадаги олимларни Валидий уч гуруҳга бўлади:
**Биринчи гуруҳ** олимлар Ғарб тилларидан хабардор бўлсалар-да ўзларининг иккиламчи кўрсатишади.
**Иккинчи гуруҳ**га кирувчилар эса, Европада таҳсил олган олимлар бўлиб, улар ҳеч бўлмаганда Европа тилларидан биттасини билганликлари ўзларининг нашр этган ишларида олдидан бевосита Европа олимларининг илмий ишларидан фойдаланишади. Бунинг устига улар Шарқ нуқтаи назардан воз кечишмайди.
**Учинчи гуруҳ**га Европада таҳсил олган ёки ўз мамлакатларида Европа тилларини ўрганганлар киради. Улар тўлиқ Европа тилларини тушунишади ва ўзларининг илмий ишларини шу тилларда олиб боришади. Илмий ишларини Шарқ ва Европа тилларида нашр эттиришади. Улар орасида Вена университетинининг олимлари ҳам бўлган. Эронда Сейид Ҳасан Тақизода, профессор Аббос Иқбол, Мужтапо Миновий, Ҳиндистонда Абдусаттор Сиддиқий, Хон Баходир, Муҳаммад Шофий, Муҳаммад Ҳамидулла ва Абдулло Чиғатой каби олимлар киради.Араб профессорларидан: Абдулходи Эбуриде, Абдуллазид ал-Дури Таха Хусейин; Болқонда - Фехмее Байпаскдеривич; Польша мусулмонлари орасида-доктор Якуб Сенкевичлардир. Ўтган асрда Озарбайжондан Чўқон

Валихон ҳозирги даврда Абдулкарим Ашуаделарни ва ҳамда ўзбекистонлик Пўлат ўғли (Пўлат Солиев) кабиларни келтириш мумкин. Уларнинг баъзилари археология, фалсафа, этнография соҳаларида ишлашади» [7.8.249-271-б].

Мусулмон Шарқи ва Ғарбини илмий-фалсафий таҳлили жараёнида танқидий фикрлаш ва илмий услубларга яқинлашиб Ислом халқларининг ривожланиш йўлидан боришмади ва кўпгина қийинчиликларга дуч келишганини сабабини таҳлил қилар экан, қуйидаги хулосаларга келади.

Биринчидан, бундай ҳолат Ислом маданиятига таяниб диний мутаассиблари қарашлари асосида қолиб кетганлигини ва улар ўзларини яшаш тарзини ўзгартира олмаслиги сабабли содир бўлмоқда. Аммо баъзи халқларнинг қадимий цивилизацияга ва замонавий тенденцияларга мослашадиган восита топишмаган.

Иккинчидан, Шарқ Ислом оламида ўрнатилган анаъаналар хусусан регрессив давр бўлган XVI асрдан кейин Ғарб тафаккури фикрлаш усулига тўғри келмайди. Ўтган асрда Европада таҳсил олган аксарият турклар у ердаги фикрлаш тарзини тушунмай қайтишади. Мисрлик олим профессор Таха Хусейн бу илмий услубни Аллоҳ ҳақидаги тадқиқотларини ўрганишда қўллайди. Мисрдаги замонавий демократия Таха Ҳусейнга психологик фантазия ўрнига замонавий илмий йўналишдаги адабиёт ва араб таълимини ташкил этишга имконият яратади.

Валидий профессор Хатиман Таха Хусейн ишлари ҳақида сўз юритар экан, бу ҳақда шундай хулосага келади: «Унинг ишлари Ғарбдаги таълим бериш усуллари тўғри эканлигини билдиради. Муҳаммад Ҳамидуллоҳга келадиган бўлсам, у чинаккам эътиқод ва тадқиқотга Ғарбий қараш инсон онгида қолишини яхлит мисолидир. Мен Бонн университетида дарс беришимдан олдин унинг бир кичкина иши ҳақида сўрашди. Ўша вақтлари профессор Х.Беккер Шарқ семинариясининг раҳбари эди. Араб талабаларидан бири Муҳаммад Бадр шундай деди: «Араб грамматикасининг услуби ва синтаксиси Европа усулидан устун туради». Шунда профессор билан филологияни ўқишдан аввал: «Заки Валидий профессор Катанов билан учрашганида унинг Шарқ ва Ғарб оламидаги динни илмий асослаганлиги Нақшбандийлик ғояларини ўрганганлиги асосида тассаввур қилади» [7.30-163-б], дейди. Тунжай Бойқаро ўз тадқиқотида Валидий бошқа мусулмон мамлакатлари билан маданий ҳамкорликнинг шаклланиши ҳақида: «Шарқ ва Ғарб дунёсидаги илмий алоқалар миллатлараро бағрикенгликни юзага келишига асос бўлди» [7.8.249-271-б], деган хулосни беради.

Ислом динининг асл мақсад ва моҳияти тўғри англанган, уни ҳаётга тўғри татбиқ этилган пайтларда илм-фан мисли кўрилмаган даражада ривожланган, Ғарб давлатлари дин ва руҳонийлар тазйиқи остида бўлган. Аслида, Қуръони Карим ҳамда Ҳадиси Шарифлар мусулмон оламининг моддий-маънавий тараққиётига йўл очиб беради. Шунинг учун ҳам Заки Валидий Астраханга қилган сафарида Шарқ ва Ғарбнинг илмий ҳамкорлигини, Шаҳобиддин Маржонийнинг Ислом илмларига доир фикрларига хулоса қилиб, «Буюк йўл» (ал-Тариқат ал-Мутлаа) номли асарини ўқиш билан ўтказади. Шу ёз ойларида ўқиган рус тилидаги асарлардан доктор Ж.В.Дрэпернинг «Дин билан илмнинг тўқнашуви»га доир (Conflict Between Relign and Science) асарининг рус тилидаги таржимаси, профессор Овсяннико-Куликовскийнинг «Рус зиёлилари тарихи» номли асарларини ўқиб, бу билан бу икки қитъа Ислом илмлари хусусида яна бир таҳлил юзага келади.

Валидий Дрэппернинг «Европанинг фикрий инкишофи» ва Милюковнинг «Рус маданияти тарихи» китобларини ўқигач, Астрахан саёҳатида танишган капитан Мишкинга мактуб ёзади, Дрэппернинг китобидан «Шарқда Ислом даврининг ниҳояси» фаслини рус тилидан татар тилига таржима қилади.

Заки Валидийнинг немис ва лотин тиллари билан шуғулланишида Шарқ ва Ғарб шарқшунослари илмий ишлари ва асарларини таҳлил қилиши, уни тушуна бориши 1910-1911 ўқув йили имтиҳонга тайёргарликни давом эттиришида ёрдам беради. Профессор Н.Катановнинг тавсияси билан Қозон университети филология факультетида тингловчи сифатида таълим олади. Бунда Н.Катановнинг шарқшуносликдан профессорлар Богородицкий, А.Н.Хвостов ва К.В.Харламповичларнинг умумий ва рус тилшунослигидан умумий тарихдан маърузаларини тинглайди. 1911-1912 ўқув йилида Заки Валидий яна Қозон университетида маърузаларини дарсларни тинглашда ва айни вақтда, лицей имтиҳонларига тайёрланишда давом этади. Бу йил, Ғарб шарқшуносларининг Ислом динига, араб, форс ва турк адабиётига тегишли асарларини ўрганиш билан шуғулланади. Санкт-Петербург Шарқ факультети доценти Игнатий Крачковский билан мактуб орқали танишади. У Валидийга мактублар ёзиб, китоблар юбориб турган. Унинг «Бобо Дамашқий» номли араб шоири ҳақида асари чоп этилган. Игнатий Крачковскийдан Валидий араб маданий ҳаёти ҳақидаги асарларни ўрганади. Шу йили Европа кутубхоналарида мавжуд қўлёзмаларнинг каталоглари билан танишади. Француз ва немис тилларини билиши бу тилда нашр этилган асарларидан тушуниш имконини беради.

Муҳаммаджон Абдураҳмоновнинг таъкидлашича: «1912 йили бир ой ичида турк тарихига оид асарлари Заки Валидийни кутилмаганда машҳур қилиб юборади. Асарини Туркияда Юсуф Оқчура «Турк юрти» журналида, Қримда Исмоил Гаспирали «Таржимон» газетасида, Қозонда профессор Н.Катанов билан шарқшунос Емельянов рус илмий журналларида нашр этадилар. Германияда шарқшунос Мартин Хартман, Венгрияда профессор Херман Вамберилар Оренбургда нашр қилинган «Вақт» газеталарида олимнинг асарига ижобий баҳо беришади. Бу муваффақият сабаб, Валидий Қозон университетининг Археология ва тарих жамиятининг ҳақиқий аъзолигига сайланади, тантанали маросимда диплом берилади» [4.1-35-б]. Асарни намунасида Истанбулда Ризвон Нафиз, Қўқонда Юнусжон Ҳожи Оғалиқ ўғли туркий халқлар тарихига оид асарлар ёзадилар. Озарбайжонда Ҳусайнзода Али Бей, Оренбургда Ризоуддин ибн Фахриддин, Истанбулда Кўпрули Фуад чиқишларида ва мақолаларида «Турк муаррихи» дея талқин этадилар. Бу асар туркий халқларнинг тарихий қисматини, Шарқ ва Ғарб манбаларини замонавий илмий методларда мужассам қилиб, тасвирловчи бир асар сифатида баҳоланади.

Асарни илмий жиҳатдан таҳлил қилиб, Валидий билан энг самимий муносабатга бўлган инсон профессор В.В.Бартольд эди. В.В.Бартольд «Ислом олами» номли журнал нашр этаётиб, 1912 йилнинг ёзида Россия ислом олимлари асарини тадқиқ қилади. Валидий ҳам бу тадқиқот муносабати билан Оренбургда нашр этилаётган «Вақт» газетасида (№ 125) унинг илмий фаолияти ва илмий аҳамиятини билдирадиган катта бир мақола эълон қилади. Буни ўқиган В.В.Бартольд ижобий фикрларни беради. Барнаул мусулмонлари жамиятида олим ҳақида фикрлар билдиради. Бу мақола «Вақт» газетасида ёритилади.

Заки Валидий Россия Фанлар академияси топшириғи билан 1913-1914 йилларда Самарқанд, Бухоро ва Фарғонага илмий сафарларга бориб, иш юзасидан берилган ҳисоботлари Россия Археология жамияти Шарқ шўъбаси «Записки»сида нашр этилади. В.В.Бартольд ва В.Радловлар Валидийдан беҳад мамнун бўладилар. В.В.Бартольд Фанлар академиясига маҳаллий аҳоли ишончига сазовор бўлган, маҳаллий олимларнинг йўқолиб бораётган ёзма асарларини, археологик ва этнографик маълумотларини, матн ва ҳужжатларини сақлаб қолишда Заки Валидов олимнинг саёҳатлари фойдали бўлди, дея маълумот беради. В.В.Бартольд Валидийни Санкт-Петербургдаги шарқшунослар анжуманига таклиф этади. «Шу тариқа Россий империяси Археология ва Жўғрофия жамиятларида, шунингдек, шарқшунос В.Радловнинг уйида ҳар ҳафта ўтказиладиган «Радлов тўгараги» («Радловский кружок») йиғинларида иштирок этади.

Заки Валидий бу даврдаги сиёсий фаолият ўткинчи эканига ишонган. Олимни университетга тайёрлаётган устозлари профессор Н.Катанов, профессор В.В.Бартольд ва профессор В.А.Богородицкий ҳамда немис ва лотин тилларини ўргатган устозлари Риклицскийларга дарҳол қуйидаги мазмунда мактуб йўллайди: «Уфа вилояти мусулмонлари менга сиёсий вазифа юклашди. Бироқ университетга кириш ва илмий ижодни давом эттириш масаласи яна муаммо бўлади. Яъни, ҳозирги вазифам вақтинчалик. Сизнинг менга хайрихоҳлигингиз мени илҳомлантиради. Бугунга қадар менга кўрсатган эътибор ва кўмагингиз академик фаолиятга содиқ қолишим учун пойдевор бўлади» [7.28-118-б]. Ўн бир йил давом этган сиёсий фаолиятимдан сўнг мен 1925 йилда Истанбулга келиб, илм соҳасига қайтдим. 1930 йилда Вена университетига кириб, 1935 йилда «Real Gymnasium» ҳамда докторлик имтиҳонларини топширдим. Илмий даража олиб Бонн университетининг Ислом илмлари фахрий профессори бўлдим. 1935 йил 9 июньда профессор П.Калье ҳамда О.Спайс бошчилигида «Orientalisches Seminar» аъзолари билан бирга тушган расмимизни Қозондаги профессор Н.Катанов ва профессор Богородицкийга «Мана, сўзимнинг устидан чиқдим, сизга нисбатан ҳурматим чексиз» деган сўзларни битиб, рус тилида мактуб билан юбордим. Бу пайтда профессор В.В.Бартольд вафот этган эди. Кейинчалик билишимча, профессор Н.Катанов ҳам вафот этган экан. Профессор В.А.Богородицкийдан эса «молодец» (яъни, баркалла) деган қутлов олади» [7.28-119-б], бу унинг энг катта илмий ютуғи бўлиб шу воқеа унга келажакда ҳозирда фан соҳасида қимматли маълумотларга эга бўлган асарларини яратилишига рағбатлантириш вазифасини ўтайди.

Заки Валидий «Хотиралар»ининг охирги қисмларини ўғли Субидей билан Улуғ тоғда ёзади. Валидийнинг ёзишича: «1966 йил 4 февральдаги Истамбул газеталаридан муҳим бир хабарларни ўқидик. Унда Олд Осиёдан Ўрта Осиё йўли орқали Узоқ Шарққача бориб етган Буюк Ипак йўли устида изланиш олиб бориш учун япон илмий ҳайъати келар экан. Япония илмий ҳайъати изланишни 9 февральда

Истамбулдан бошлайди. Ҳайъат Анқара шаҳридан Қайсария, Ҳалаб, Байрут, Шом, Ҳамадон, Теҳрон, Афғонистон бўйлаб йўл устидаги тарихий обидаларни, урф-одатларни, савдо-сотиқ шарт-шароитларини ўрганиб, Японияга қайтиб кетишади». Япониянинг таниқли ёзувчиси К.Фукада бошчилигидаги ҳайъатда Токио университети олимларидан К.Вагасана, Аити университетидан С.Судзуки, П.Хагасуи Компаниясидан К.Фуживара, дунёда энг кўп ададда чоп этиладиган Япониянинг газетаси «Асаҳи Шимбун» мухбири М.Такаги, шунингдек, газетанинг телевидение бўйича мутахассиси М.Йесикавалар бўлган» [7.28-427-б]. 1923 йил 15 июль санаси билан маориф ва илмий ташкилот хусусида берган ҳисоботида Валидий бир нечта вазифаларни белгилаб беради.

1. Қобулда ўша пайтларда фаолият олиб бораётган француз археология экспедицияси билан бир пайтда Афғонистоннинг ўз илмий ва археологик жамияти ҳамда Афғонистон Миллий кутубхонасини ташкил этишни таклиф этади. Бунда ўз ҳиссасини қўшиш учун Эрон ва Афғонистоннинг жўғрофиясига доир Россиядан рус тилидаги асарларни олиб келади. Ислом олами жўғрофиясига оид араб олимлари томонидан яратилиб, Европада чоп этилган асарларни бироқ ўзи билан бирга олмаганди. Сўнг Европа шарқшунослари ва Марказий кутубхонанинг ўзи Қобулда бўлмайди. Қобул Марказий қўмондонлигида Саройга оид қўлёзма ва баъзи чоп этилган асарларни ёмғир сизиб турадиган хонада тахланган ҳолатда кўриб ачинади. Илмий жамиятда ва кутубхонада фаолият юритадиган афғонларни тайёрлаш учун бир курс очилиши лозимлигини айтади.

2. Бешта факультетдан иборат университет ташкил этишни Валидий таъкидлайди. Бунинг учун хориждан ва Туркиядан олимларни таклиф қилиб, Қобулда университет кадрларини тайёрловчи олий курс ва беш факультет таъсис этишни таклиф этади. Булар:

1. Ҳуқуқ ва сиёсат; 2. Иқтисодиёт ва тижорат; 3. Табиёт ва риёзиёт; 4. Тил ва тарих; 5. Тиббиёт ва анатомия факультетлари.

Тарихчи олим Тунжай Бойқаро Заки Валидий ҳақида ёзар экан: «Бутун дунё Заки Валидийни бугунги туркийлар цивилизациясининг энг буюк тарихчиси деб атайди. У шарқшуносларнинг XXII Халқаро кенгашида сўзга чиқади. Парижда илк бора ташкил этилган 1873 йилги Шарқшуносларнинг конгрессда Шарқ халқлари маънавий ва маданий ривожланишининг хизмат қиладиган олимлари йиғилганлигини» [7.30-46-б], таъкидлайди ва шахсан ўзи илмий жамият, кутубхона ва университет ташкил этиш йўлида Қобулда қолса ҳам, қолмаса ҳам, қўлидан келганча ёрдам беришга, хусусан, китоблар масаласида ёрдамини аямасликка ваъда беради.

**Хулоса қилиб айтганимизда:**

1. Аҳмад Заки Валидий асарларида Шарқ ва Ғарбнинг маънавий-маданий мусулмон Шарқи олимларининг ютуқлари асосан Андалусия орқали Ғарб мамлакатларига етиб борди. Ислом оламининг тарихан қисқа даврида эришилган илм-фан ютуқлари ва одоб-ахлоқ қоидаларини ғарб бир неча аср давомида ўзлаштириб, унинг замирида илмий-техникавий тараққиётда улкан ютуқларга эришди.

2. Ҳанс Кунг таъкидлаганидек, Шарқ ва Ғарбнинг диний-фалсафий мулоқоти таҳлилидаги мулоқотидаги асосий илмий муаммо замонларга хос бўлган тизимлар ўртасидаги инкор руҳини инкор қилиш учун биргалашиб курашиш билан белгиланади. Фарид Эсакк даъво қилаётганидай, Шарқ ва Ғарб олимларининг диалоги фақатгина эркин ва бир-бирига яқин анъаналар ўртасидагина эмас, консерватив ва логоцентрик эътиқод соҳиблари ўртасидаги мулоқот билан ҳам муваффақият қозониши мумкин. Бу ҳақида 1994 йили Қоҳирада бўлиб ўтган Аҳоли конференциясидаги маданиятлараро муваффақиятли ҳамкорлик дин либераллари ўртасида эмас, аксинча, иштирокчиларнинг энг консерватив қисми бўлмиш мусулмонлар ва Ватикан вакиллари ўртасида бўлганлигини

Т.Ж.Уинтер алоҳида таъкидлаб ўтади [4.14-39-б]. Шунинг учун ҳам Т.Ж.Уинтер: Модомики, давримизнинг ахлоқий релятивизми муросасизлашиб бораётган экан, турли динга мансуб анъаначиларнинг ҳамкорлиги фойдадан ҳоли бўлмаслигини айтиб ўтади. Шунингдек, Заки Валидийни Мусулмон Шарқи ва Ғарбининг илмий ҳамкорлиги йўлида қилган ишларини ўрганар эканмиз олимнинг ўз даврининг таҳликали бир вазиятда маънавий жасорат кўрсатганини гувоҳи бўламиз.

## 2.2. Аҳмад Заки Валидий томонидан Абу Райхон Берунийнинг илмий-фалсафий меросини ўрганилиши

Шарқ мутафаккири Абу Райҳон Муҳаммад ибн Аҳмад ал-Беруний Шарқ тафаккур оламининг ўзига хос йўналишини очиб берди ва инсоният тарихи, унинг вужудга келиши, тараққиёти ҳамда таназзуллари атрофидаги мавжуд фикрларга аниқлик киритди. Турли зиддиятли қарашларни бутун моҳияти билан ўрганиб, унга ўзига хос ёндашиб, мавжуд қарашларни кескин тарзда бойитиб, унинг ўзанини ўзгартириб юборди. Аникроқ қилиб айтганда, Беруний оламнинг яратилиши, инсоннинг вужудга келиши, халқларнинг тараққиёт босқичлари, тарихий воқеалар, табиий ҳодисалар, уларнинг моҳиятини илмий асосда ўрганиш мактабини яратди. Ушбу мактаб бугун моҳият-эътибори билан дастлаб Шарқ, кейинчалик Ғарб фалсафий тафаккурининг тамал тошини қўйди.

Юртимизда етишиб чиққан қомусий олимларимиз ва уламоларимизнинг илмий меросини ўрганишга доир Президентимиз Мирзиёев Шавкат Миромоновичнинг 2017 йил 23 июнь куни «Ўзбекистон Республикаси Вазирлар Маҳкамаси ҳузурида Ўзбекистондаги Ислом маданияти марказини ташкил этиш чора-тадбирлари тўғрисида»ги Қарорида белгиланган: «Марказ таркибидаги кутубхона ва архив, қўлёзмалар фондларини бугунги Ўзбекистон заминидан етишиб чиққан буюк аллома ва мутафаккирлар, азиз-авлиёлар, улар томонидан асос солинган илмий ва диний мактабларга доир юртимизда ва чет элларда сақланаётган қадимий қўлёзма ва тошбосма китоблар, тарихий далил ва ҳужжатлар, археологик топилмалар, осори-атиқалар, шу йўналишдаги замонавий илмий-тадқиқот ишлари, китоб ва тўпламлар, видео ва фото ҳужжатлар ҳисобидан шакллантириш, ислом дини ривожига улкан ҳисса қўшган буюк ватандошларимиз – Имом Бухорий, Имом Термизий, Ҳаким Термизий, Абу Мансур Мотурудий, Абу Муин Насафий, Қаффол Шоший, Абдулхолиқ Ғиждувоний, Нажмиддин Кубро, Бурҳониддин Марғиноний, Баҳоуддин Нақшбанд, Хўжа Аҳрор Валий каби алломаларнинг беназир меросини илмий асосда чуқур тадқиқ этиш, уларнинг илмий-маънавий жасорати, улуғ инсоний фазилатларини кенг тарғиб қилиш; жаҳон илм-фани тарихида ўчмас из қолдирган Муҳаммад Хоразмий, Аҳмад Фарғоний, Абу Наср Форобий, Абу Райҳон Беруний, Абу Али Ибн Сино, Маҳмуд Замаҳшарий, Мирзо Улуғбек, Али Қушчи каби олим ва мутафаккирлар меросининг тарихий ва замонавий цивилизация тараққиётидаги ўрни ва аҳамиятини, Алишер Навоий, Заҳириддин Муҳаммад Бобур, Камолиддин Беҳзод, Маҳмуд Музаҳҳиб сингари мумтоз адабиёт ва санъат намояндалари ижодининг инсонпарварлик моҳиятини чуқур очиб бериш», [1.2.] - каби вазифалардан келиб чиққан ҳолда қарорни имзолади. Бу қарор диссертацияни мавзусининг долзаблигини белгилаб беради.

Аҳмад Заки Валидийни илмий меросида мутафаккирларининг диний-фалсафий ва илмий, қарашлари ҳақида ўрганар эканмиз, бунда Абу Райҳон Берунийнинг фалсафаси, диний дунёқараши ва бир қатор илмларнинг кенг ёритилганилигини гувоҳи бўламиз. Шу ўринда Ўзбекистон Республикаси Биринчи Президенти И.А.Каримовнинг Беруний ҳақида қуйидаги фикрларни ёдга олиш мумкин: «Миллий тарихимизнинг ёрқин вакили бўлган Абу Райҳон Беруний фаолиятига ҳаққоний баҳо берар экан, америкалик тарихчиси Сартон XI асрни «Беруний асри» деб таърифлайди. Бундай юксак ва ҳақли баҳо, аввало, қомусий тафаккур соҳиби бўлмиш буюк ватандошимизнинг илм-фан тараққиётига қўшган беқиёс ҳиссаси билан изоҳланади. Таъкидлаш жоизки, Беруний илмий масалаларда ҳам, тарихий воқеа ҳодисаларга, ўз замондошларига баҳо беришда ҳам ўта холислик ва ҳаққонийлик билан фикр юритган. Шу боис ҳам у ҳаётда кўп азиятлар чеккан, ҳатто умрининг охирида турмуш қийинчиликларига дучор бўлган, аммо ҳар қандай оғир шароитга қарамасдан эътиқодидан қайтмагани унинг ўз маънавий идеалларига нақадар содиқ бўлганидан далолат беради» [2.1-42-б].

Заки Валидийнинг илмий меросини ўрганар эканмиз, унда Абу Райҳон Берунийнинг диний-дунёвий, табиий-илмий фалсафаси кенг ёритилганини гувоҳи бўламиз. Валидийнинг фалсафий қарашларини шаклланишида Абу Райҳон Берунийнинг фалсафаси ҳам ниҳоятда муҳим аҳамият касб этади. Аллома Беруний асарлари орқали «Ригведа ва Атхарваведа» номли ҳинд диний-фалсафий китобини ўрганиб Патанжали, Брахмагупта, Арябхата, Вашта, Пулиса, Вараҳамиҳра [7.82.635-645-б] каби ҳинд олимларининг асарларидан матнлар таржима қилганлигини, бундан ташқари олимлар ҳинд фалсафа илми ҳақида маълумот берар эканлар, ушбу маълумотларни ислом, юнон ва эрон олимлари фикрлари билан таққослаб, ўзининг қарашларини ҳам баён этади. Шу сабабли бугунги кунга келиб, мазкур китоб энг нодир, энг ноёб асар сифатида баҳоланишини, асарнинг мундарижаси диний-фалсафий фикрлар, адабиёт, эътиқодлар, хронология, астрономия, метереология, қонунлар, урф-одат, маросимлар астрономиядан иборат эканлигини таъкидлаб ўтади.

1938 йилда Заки Валидий Германияда педагогик фаолиятини давом эттириш билан бирга, « Birunis Picture of the World » («Берунийнинг жаҳон харитаси») [7.30-25-б] мақоласини нашрга тайёрлайди. Валидий «Birunis Picture of the World» мақоласида Берунийнинг «Ал-қонун ал-Масъудий» асари «Энг буюк асар» [7.79-142-б], дея таъриф бериб, бу рисола астрономияга оид бўлиб, «Ал-қонун»да бир қанча камчиликлар борлигини ёзади. Лондон ва Берлин нусхаларида асардаги камчиликлар маълум бўлган. Олимлар эса бу асарнинг Истанбул (хусусан Валиуддин Афанди ва Аскарий музей кутубхоналарида) ва Кунядаги нусхаларидан фойдаланишни тавсия этганликларини ёзади.

Заки Валидий ўқишдан таътилга чиққанида: «Мансур афандиникида бир мунозарага сабаб бўладиган қуйидаги воқеа сабабли Беруний ҳақида илк марта эшитади. Воқеада Мансур афанди Зулқарнайннинг македониялик Искандар эканлигини айтадиган олимлар ҳам борлигини билдиради. Воқеада, Феруз Ободий «Қомус»ининг Зулқарнайнга бағишланган бобида ва Берунийнинг «Қадимги халқлардан қолган ёдгорликлар» («Ал-осор ал-боқия ан ал-қурун ал-холия») номли асарида шу масалани изоҳлаган.

Валидий Берунийнинг Мансур афандидан ушбу асарни қаердан топиши ва асарнинг Европада нашр этилганини сўраб билади. Мансур Афанди қисқа ифода билан айтганда, Валидий учун янги бир уфқ эшигини очган эди. Заки Валидий Беруний ҳақидаги тадқиқотларини эллик беш йил мобайнида муваффақиятли давом эттиради. Қозонга келганида дарҳол профессор Н.Катановга учраб, Берунийнинг бу китобини топишда кўмаклашишини сўрайди. Валидий «Хотиралари»да ёзишича: «Профессор: Мен бу китобни сенга Германиядан келтиришим мумкин. Аммо менинг кутубхонамда ҳам бор» - деди. Китобни профессордан олиб, катта ҳаяжон билан ўқидим. Лейпцигда босилган араб тилидаги бу китобнинг ўттиз-қирқ саҳифалик немис тилида муқаддимаси бор эди. Мен бу муқаддимада Берунийнинг ҳаёти ва асарлари ҳақида ёзилганини профессордан билиб, немис тилини ўрганиш дарсларимни кўпайтирдим. Беруний асарлари ва немис тилини ўрганишига Мансур афанди сабабчи бўлганига ундан бир умр миннатдорман» [7.28-21-б].

Абу Райҳон Беруний ёзиб қолдирган асарларида йил ва фаслларнинг алмашинуви билан ҳайвонлар ва ўсимликларнинг ўзгариши тўғрисида фикр юритилган. Беруний «Китоб ас-Сайдана» асарида 1116 тур дори-дармонларни тавсифлаган. Берунийнинг «Қадимги халқлардан қолган ёдгорликлари» ва «Ҳиндистон» асарларида ўсимлик ва ҳайвонларнинг тузилиши ҳамда уларнинг ташқи муҳит билан алоқаси ҳақида ҳам қизиқарли маълумотлар келтирилади.

Беруний ўзининг «Ҳиндистон» асарида мусулмонлар билан ҳиндларнинг урф-одатлари ўртасидаги фарқлар географик шароитларга боғлиқ деган фикрни илгари сурди, географик омилнинг аҳамиятини таҳлил қилишни давом эттириб, ҳатто тилларнинг турличалиги ҳам географик шароитларга боғлиқ деб таъидлайди. «Тилларнинг турлича бўлишига сабаб одамларнинг гуруҳларга ажралиб кетиши, бир-бирларидан узоқ туриши»дир. Шунингдек, асарда 1030 йилда ёзилган «Таҳқиқ мо ли-л-Ҳинд мин маъқуда мақбула фи-л-ақл ав марзула» («Ҳиндларнинг ақлга сиғадиган ва сиғмайдиган таълимотларини аниқлаш китоби») Ғарб ва Шарқ олимлари, шу жумладан, ҳозирги замон ҳинд олимлари томонидан юксак баҳоланган. Академик В.Р.Розен бу асарда «Шарқ ва Ғарбнинг қадимги ва Ўрта асрдаги бутун илмий адабиёти орасида бунга тенг келадиган асар йўқ», деб баҳо берган. Маҳмуд Ғазнавийнинг Ҳиндистонга қилган юришларидан бирида шоҳга ҳамроҳ бўлган Беруний, у ерда санскрит тилини пухта ўрганиши ҳинд маданияти адабиёти ва Ҳиндистоннинг ўша давр олимлари билан яқиндан танишишга ҳамда бу мамлакат ҳақида ўлмас асар яратишга имкон берди.

Беруний ўзининг она тилидан ташқари суғдий, форс, сурёний, юнон, қадимги яҳудий тилларидан хабардор бўлади. Ҳиндистонга қилган саёҳати даврида эса, ҳинд тилини бевосита ўрганиб, ҳинд маданиятини тадқиқ қилиш имконига эга бўлади. Олим юнон мумтоз фалсафаси, астрономия, география, ботаника, математика, геология, тарих, этнография, филология ва адабиёт соҳаларида ижод қилган.

Шарқшунос олим И.Ю.Крачковский Берунийнинг илмий салоҳиятига юксак баҳо бериб, «Қизиққан илм соҳаларидан кўра қизиқмаган соҳаларини санаб ўтиш осондир», деган эди. Ғарб тадқиқотчиларидан М.Мейерхофф эса «Беруний мусулмон фанини намойиш этувчи қомусий олимларнинг энг машҳури бўлиши керак» [4.14-44-б], деб таъкидлаган.

Беруний араб ёзувидан моҳирона фойдаланган. Аммо илмий ишларда бу ёзувни қўллаш мушкул эди. «Oreidasivs, Pavius, Galenosve Dios Korides» каби муаллифларнинг асарларидаги юнонча исмлар осонликча араб тилига ўгирилишини олим қайд этган. Беруний юнонча асарлар таржима қилинганда, албатта ўша асар таржимонлар томонидан таҳрир этилиши (ўрганилиши)ни таъкидлайди.

Валидийнинг фикрича: «Беруний тарихий ҳодисаларни иқтисодий ҳамда диний нуқтаи назардан исботлашга ҳаракат қилишни илмга зид деб баҳолайди. Беруний маданият оламини иккига, яъни Ғарб ва Шарқ маданиятига бўлганидан кейин хитойликлар, туркийлар ва ҳиндлар Шарқ маданиятининг яратувчилари деб кўрсатилади. Ислом маданиятини эса, юнон маданияти ва Ғарб маданиятини бир тўлдирувчиси эканлигини, туркийларнинг Ислом динини қабул қилиши натижасида бу маданиятнинг жуда кенг соҳаларга тарғиб қилиниши сабабли инсоният илмини юксак чўққиларга эриштиради» [7.82.635-645-б], деган хулосага келади ва бу фикр билан Валидий компенсаторлик вазифасини бажарганлигини таъкидлаган.

Шунингдек, Валидий: «Абу Райҳон Берунийнинг «Қадимги халқлардан қолган ёдгорликлар» асарини ҳам Ислом дунёсидаги қиёсий диншуносликка оид энг сара асарлар қаторига киритиш мумкин. Аллома мазкур китобда мусулмонлар, христианлар, зардуштийлар, яҳудийлар, собиъийлар, жоҳилия даври араблари ва яна кўпдан-кўп оқим вакилларининг тарихи, афсона ва ривоятлари, тақвимлари, урф-одат ва маросимлари, диний эътиқодларини диний-таҳлилий ва қиёсий услубда баён қилади. Мазкур олимни мусулмон қиёсий диншунослигининг асосчиларидан бири деб ҳисоблаш мумкин.

Абу Райҳон Беруний Ислом ўлкаларида зуҳр (пайдо бўлган) этган барча мазҳабларни, Исломдан аввалги дин ва маданиятини таниган мусулмон халқлар орасида яшаган зардўштийлик, буддизм, шомонизм, христиан ва яҳудий динларининг мазҳаб ва тариқатларини катта қизиқиш билан ўрганган. Аммо буларнинг барчасини ўзи мансуб бўлган дин ва жамоанинг қадриятларини англаган одам сифатида ҳозирги кунда Африка ва Осиёдаги маҳаллий дин ва маданиятни бетараф тарзда ўрганган зеҳн билан тадқиқ этган.

Беруний фалсафа ва тиб илми, хусусан табиий фанлардан физика, риёзиёт, астрономия, хронология, метеорология (осмон ўлчов ҳақида) соҳасида ҳам буюк маҳоратларини кўрсатган. 1036 йилларда ўз илмий ишларининг рўйхатини тузади. 1037 йилга қадар ёзган китоб ва рисолалари 113 тага етган. Валидий мана шу асарларнинг жамламасини, Закариё ар Розийнинг асарларининг рўйхатини тузар экан, ўзи ҳам қўшимча қилган. «Ал-осор ал-боқия»га Берунийнинг 1037 йилдан сўнг 12 йил деганда тузган асарининг рўйхати ҳам илова қилинган. Бу тўпламдаги табиат, астрономия, риёзиёт, географияга оид 83 асарнинг номи Солиҳ Зокининг, «Asari vakiya» асарида келтирилганидек, О.Я.Ведеман томонидан қайд этилган.

Беруний ёзган ҳар бир асар ўзига хос энциклопедия эди. Унинг дастлабки асарларидан «Қадимги халқлардан қолган ёдгорликлар» «Ал-осор ал-боқия ан ал-қурун ал-холия» асари Қадимги Хоразмда ўтган халқларнинг, қадимги яҳудийлар, насронийлар, мажусийлар ва мусулмонларнинг урф-одатлари, анъаналари, байрамлари, календарлари, динлари, пайғамбарлари, муқаддас китоблари ҳақидаги барча маълумотларни ўзида тўплаган яхлит энциклопедия бўлиб, у Европада «Хронология» номи билан машҳурдир. Бу асарни олим 27 ёшида, яъни 1000 йили ёзиб тугаллаган. Мазкур асарлар араб тилида ёзилган. Аллома Журжонда бўлган вақтларида машҳур «Ал-Осор ал-боқия ан ал-қурун ал-ҳомия» асарини Қобус ибн Вашмгирга бағишлаган. Бу асарнинг биринчи нашрини немис олими, берунийшунос Эдуард Захау инглиз тилига таржима қилиб, 1878-1879 йилларда Лейпцигда нашрдан чиқаради. Бу асар Ғарб ва Шарқ олимлари томонидан юксак баҳоланган. Унда ҳиндларнинг дини, фалсафаси, урф-одатлари, тарихи ҳақида маълумотлар берилади.

Баъзи бир олимлар эса, Синддаги «Нерун» шаҳрининг номини «Берун» деб атагани учун Берунийни асл ҳинд эканлиги тўғрисида айтадилар ва шунга буюк олимнинг ҳинд эканлигини таҳлил қилган Абул-Фидо Ибн Касир ва Ибн Усайба каби олимларни далил сифатида келтиради. Беруний Ҳиндистоннинг мусулмон турклари томонидан фатҳ этилиши бу юрт учун энг катта муваффақият келтирганлигини таъкидлайди (Tahdid, s. 245 kd.). У бир томондан Ислом мамлакатларида мусулмонлар ҳокимиятини ларзага солувчи шиа, қарматия каби рофизийлар ва форсийлар, зардуштийлик дини вакилларининг сиёсий ҳаракатлари бартараф этилганини мамнунлик билан қайд этган.

1025 йилда Беруний Ғазнада ёзган ва ягона нусхаси Фотиҳ кутубхонасида (№3386) сақланаётган география фани методига оид «Таҳдиди ниҳоят ал-амокин литасҳиҳи масофат ал-масокий» номли асарида Хоразм, Ҳиндистон ва Афғонистонда барпо этилган расадхоналар, геология ва геодезияга тегишли масалаларни ҳам очиб берган. Бу асар биринчи марта 1926 йилда барча илм аҳилларини, олиму фузалоларни ўзига тортди» [7.83.3.].

Валидий тадқиқотида асарни Ўрта Осиёнинг геологияси, қадимий Амударёга оид юнон манбаларида келтирилгани, Ислом оламининг тарихи ва маданияти ҳақидаги маълумотлар учрайди. Унинг фикрича, Берунийнинг бу қарашлари асосида унинг ҳаётидан энг муҳим ва қимматли асарларидан юқорида баҳс юритганимиздек, Беруний Шарқ ва Ғарб илмини, тарихини мукаммал эгаллаган даҳо олим эди. Берунийнинг бошқа дунёлар мавжудлиги тўғрисида тахмини унинг илмий ютуқларидан бири ҳисобланади.

Олимнинг фикрлари, бир томондан, Марказий Осиё, қадимги юнон ва ҳинд мутафаккирларининг илғор анъаналарини ижодий ривожлантирган бўлса, иккинчи томондан, бу нарса унининг етуклиги, тафаккур доирасининг кенглигидан далолат беради. Беруний томонидан «сабабларнинг сабаби», инсон ва инсоният жамиятининг юзага келиши масаласининг қўйилиши диққатга сазовор: «Қадимги тарихларнинг энг қадимгиси ва энг машҳури башариятнинг бошланишидир». Бу ерда Беруний кишилик жамиятининг пайдо бўлиши ҳақида рационализм позициясида турганини кўрамиз. Беруний инсонлар ўртасидаги тафовут борлиги ҳақида гапирар экан, у фақат ташқи фарқлар тўғрисида фикр юритган. Лекин кишиларнинг маънавий олами, ички тузилиши ва ташкил топиши, унинг фикрича, барчада умумийдир. У инсон билан маймун ўртасида ўхшашлик борлигини қайд этади.

Доктор Ж.Сартон ўзининг «Introduction to the history of science» китобидан Ибн Сино, Ибн ал-Ҳайшам ва Абу Али ибн Сино каби буюк шахсларни XI асрнинг илк ва ҳақиқий олимлари дея таърифлаб, Берунийнинг номини ҳам алоҳида қайд этади.

Валидийнинг фикрича: «Беруний доимо позицион ва объектив бир характер муҳофаза этгани учун баъзан XI асрда яшаган замонавий аср олими, яъни Ғарбнинг модерн илмига энг кўп яқинлаша олган Шарқ олимидир. Бу сабабдан Беруний туркийлар тарихида 12 ойлик тақвимнинг моҳиятини тайин ва узоқ даврлар учун Марказий Туркистонда тадбиқи кайфиятини тадқиқ этиб, ёзган илк олимдир. Унинг амалга оширган тадқиқотлари Еттисувдан топилган сурёний ва туркий китобларда бу тақвимнинг Искандар тақвими билан бир вақтда қўлланилганлигидан далолат беради» [7.82.635-645.].

Валидий Берунийнинг борлиқ ҳақидаги таълимотига кўра: У «Ал-Жавоҳир» ва «Таҳдид» асарлари муқаддимасида маданият, санъат ва инсонлар ўртасидаги ижтимоий борлиқнинг қандай сабабларга кўра вужудга келганлигига тўхталиб ўтади. Инсоният табиатга ҳоким бўлиб, ўзини ҳимоя қилиш мақсадида ижтимоий ва иқтисодий қонунлар қабул қилади. Бу қонунларга тобъе бўлиб, унга амал қилишни таъминлаш мажбуриятига қолган ҳар икки китобда айтилган фикрлар, билдирилган таклифларнинг асоси қуйидагича: «Инсоният кўпайиш, тарқалиш учун ҳаракат қилади. Лекин атрофидаги душманларининг кўплиги доим чорасиз вазиятда қолган жафолар қаршисида ўзи кўраша олмайди.

Сариқ ва оқ маъданлар воситасида ҳаёт тарзи тартибга келтирилганидан сўнг инсонлар ўртасида пул, мол-дунё тўплаш ҳирси кучайди. Пулнинг қиймати фақат сунъий нарсадан иборатдир. Сабаби, олтин ва кумуш инсоннинг қорнини туйғазмаганидек, унинг бошига келадиган офатни бартараф қилиш, зарарнинг олдини олишда ҳам фойдаси йўқ. Савдогарлик қилганларнинг кемасини шамол денгиз савдо йўлларидан узоқ бўлган бир оролга олиб борган.Улар маҳаллий аҳолининг молини динорга сотиб олганлар. Маҳаллий аҳоли бу динорларни олиб таъми ва исини синаб кўрмоқчи бўлган. Лекин бундан эҳтиёжларига ярайдиган хусусият топа олмай, динорларни денгиз савдогарларига қайтариб берганлар».

«Тарихда ҳам ҳақиқатни ўртага чиқаришнинг йўли бу кўриб ҳис қилинган нарсалар билан хулоса қилинади. Фақат тарихнинг илк даврларига доир маълумот узоқ вақт миллатларнинг диний ривоятларидан бошқага суяна олмаганимиз учун иш мураккаблашади. Берунийнинг бу борада келтирилган ривоятларга аралашган тўқима ва бузиб кўрсатишларнинг асосий сабабларини тушунтирар экан, бунинг турли томонларини кўрсатиш ҳам ўша давр учун жуда муҳим саналган ҳодисадир» [7.29-174-б], деган хулосага келади. Валидий «Ал-Беруний фалсафий қарашларида тарихий ҳодисалар турли динларга мансуб шахслар қарашларининг таҳлилий муҳокамаси усули билан ёзилади. Унга кўра, турли билимлар инсоннинг ҳаётий эҳтиёжларидан пайдо бўлган. Ал-Берунийнинг диний-фалсафий қарашларини таҳлилида Валидий: «Айни ҳодиса ҳақидаги айтилган ривоятларга нисбатан уйдирма ва хурофотларнинг намоён бўлиши сабабларини англатар экан, бунинг руҳий тарафлариникўрсатиши у давр учун жуда ҳам диққатга сазовор бир ҳолатдир» [4.2-6-б], дейди.

Шарқшунос олим Герберт Янски туркийларнинг қадимдан ҳозирги тарихигача, этнографияси, географияси, халқларнинг маънавияти, маданиятини ёзиш учун ўша ерда туғилиши ва яшаши лозим деб ёзади. Валидий бўлса шарқшуносликка янгича нур олиб кирди. Амир Юлдашбаев Ибн Фадлан ва Беруний ҳақида кенг маълумотларни берганлиги учун Заки Валидийни «Жонли энциклопедия» [7.50-36-б], дея эътироф этади. Валидий Берунийнинг «Ҳаракати арз» [7.84.90-94-б] асарида «Ўрта асрлар Ислом оламида танқидий тарихга муносабат» мавзусида шарқшунослар анжуманида қилган маърузасида алломанинг «курраи арз» ҳаракатига доир фикрларини келтириб ўтади. Яъни, «Сукун ал-арз» (Ернинг олам марказилиги, самонинг Ер атрофида айланиши яъни, геоцентризм) масаласи ҳинд дунёвий билимлари асосини ташкил қилади. Фақат бу борада пайдо бўладиган шубҳаларнинг аҳволи оғирдир. Мазкур назарияни тадқиқ этганлардан Браҳмагупта «Брахма Сидҳента» асарида шундай дейди: «Бир қанча одамлар (олимлар) фалак эмас, балки арз шарқдан ғарбга ҳаракат қилишини тан олишган, фақат Врамихирагина «Агар шундай бўлса, ғарбга учган қуш уйга қайтмаслиги керак эди», дейди

Берунийнинг сиёсий назарияси Арастуга мувофиқ бўлса-да, коинотга муносабатда ундан бутунлай фарқ қилади. Буни биз Арастуни ҳимоя қилган Ибн Синога жўнатган саволларидан биламиз. У ўзи инкор эта олмаган «фалак ҳаракати» назариясида дуч келган зиддиятларни «ваҳм ва сафсата» (биринчи савол), Арастунинг фалак иқдомига оид фикрини «таассуб ва нотўғри ишонч» дея (иккинчи савол) баҳслашади. Бизнинг оламдан бошқа оламлар йўқ, дейди.

Арастуни кўзи ожизнинг кўриш хусусиятини инкор этиши деган фикрда ўз хулосасини билдиради. Валидий отаси олиб келган асарлар каталогини 1940 йилда Деҳлида босилган «Birunis Picture of the World» номли асарининг муқаддимасида кўрсатади. Заки Валидий Берунийни қадимги юнонликларнинг Шарқ ҳақида келтирган маълумотлари жузъий нуқсонли хатолик борлигини айтиб, «Исломдан аввалги бу ўлкаларга (Туркистонга) ғарб олимлари келолмас, уларга ишонч йўқ эди. Энди эса Шарқу Ғарб бир ўлка бўлди. Ислом узоқ Шарқ билан Ғарб ўртасидаги маданий алоқаларни тиклади» [7.21.369-372-б], дейди. Шунингдек, «Берунийнинг «Ҳиндистон» асарини Европада босилган араб тилидаги нусхасини китоб сотувчи Мирза Муҳаммад Шерозий ёрдамида Ҳиндистондан излаб топади. Китобга унчалик тушунмаса-да уни ўқиб чиқади. Шу тариқа Шерозийникида Берунийнинг «Қонуни Маъсудий» номли китоби қўлёзма нусхасининг биринчи ярмини ўқиб чиқади» [7.21-451-б].

Афросиёб ўғли Алп-Ариз баҳайбат бўлиб, унинг оёғига тўқсон молнинг териси ҳам етмайдиган, қулоғи ва бошини тўққизта молнинг териси қоплай олмайдиган, бир ўтиришда тўқсон та қўйни ейдиган, ўнта қўй, битта жангчи ва тўққиз яшар болани осмонга улоқтириб айлантирар ва ушлаб турар экан. Отнинг калласини бир тишлаб ютиб юборар экан. Шу сабабли Муборакшоҳ ҳукмдор ақлли ва доно киши Афросиёб эртаклари ва мақолларидан қўлга киритади» [7.20.847-868-б].

Заки Валидий «Ислом ва география фани» мақоласида ёзади: «Биз кескин бурилишлар бўлган, яъни Жанубий-Ғарбий ва Шимолий-Шарқий Осиёга кириб келган араб, мўғул босқинчилари ва халқлари кўчишга мажбур қилган, инсоният маданияти учун фақат бахтсизлик келтирган, дунё тарихида бўлиб ўтган фожеа сифатида мушоҳада қилинган замондан (вақтдан) узоқлашмоқдамиз. Бугунги кундаги олимлар, айниқса иқтисодиёт тарихчилари, Генри Пиренне, ака-укалар Александр ва Ойген Кулишер, Алфоне Доп ва Патцелт кабилар илк давр зиддиятлари сифатида дунё маданияти тарихида бўлган бу ҳаракатларни жуда катта ижобий роль ўйнаганлигини исботламоқдалар» [7.21.611-627-б] деган хулосани беради. Бу хулоса ҳозирги вақтда ҳам давлатларнинг маданият фалсафасини ўрганишга муҳим эканлигини кўрсатмоқда.

«Араб географлари юнонларга нисбатан таққослаганда катта тараққиётга эришганлиги шундаки, улар деб тушунтирган эди Бартольд, кўпчилик грек тарихчиларига нисбатан кўпроқ шаҳарлар ва иқтисодий-маданий ҳаётни, урф-одатларни, тилларни ва дин, диний эътиқодларни қимматбаҳо деб ҳисоблаб, кенг тасвирлаганлар. Жойнинг географик узунлиги ва кенгликлари айниқса, Ал-Беруний асарларида шунчалик аниқки, у йўналишларнинг маълумотлари, айниқса мўғуллар даври географларда (Ҳамидуллоҳ Қазвиний ва Ҳофизи Абрў) ҳам жуда аниқ берилгандир, улар жуда тўлиқ, улардан сизларга ижод қилинган Эрон ва Трансоксания карталарида бизнинг ҳозирги замон карталаримизга нисбатан қарама-қарши ҳеч қандай катта хатолар қилинмаган» [7.85.]лигини Заки Валидий таҳлили жараёнида йўналишларида хатолари йўқлигини қиёсий баҳолаган. Мана шу Исломнинг кейинги даври географик асарлари, ҳатто танқидий-таҳлилий нашр қилинган ҳақиқий компиляцион ишлари бўлса ҳам, жаҳон маданияти тарихини илмий тадқиқот қилиш учун катта бойликни намойиш қилади. Бу ерда Ислом географиясининг муаллифлари юнонлардан қанчалик ўзларининг устун эканликларига ва ўзларининг шахсий куч-қудратларини қанчалик англаган эканликларига ва ўз вазифаларини тўғри баҳолаганликларига бир мисол келтиришни, кўрсатишни хоҳлар эдим. Ҳозиргача ҳали нашр қилинмаган Ал-Берунийнинг географик иш услуби тўғрисидаги асаридан қуйидаги бир маълумотни кўрсатадиган бўлсак, яъни у асарни 1025 йилнинг 21 сентябрида Ғазна (ҳозирги Афғонистон)да ёзиб тугатган ва унинг фақат ягона қўлёзмаси, бу Истамбулдаги «Фотиҳ масжид» кутубхонасида сақланаётганлиги ҳақида Валидий маълумот берган.

Валидий Берунийнинг халқлар эътиқодлари хусусидаги фикрларини шарҳлар экан, буни яҳудийлар мисолида кўрсатади. «Яҳудийлар эътиқодига кўра, Худога яқинлашиш учун бошқа миллат одамларига салбий муносабатда бўлишлари керак эканлигини кўришимиз мумкин ёки улар бегоналарни римликлар каби энг осон усулда қул қилганлар, мусофирлар бегона бўлганликлари учун ҳар хил шубҳа остига олинган ва улар ҳаёт учун хавфли жойларга олиб кетилган.

Ислом дини хусусидаги қарашларида эса, «Ислом аллақачон ер юзидаги Шарқдан Ғарбгача ёйилиб кетган, у Ғарбдан Испаниягача (Андалусгача), Шарқдан Хитойнинг чекка ҳудудлари ва Ҳиндистоннинг марказигача, яъни жануб Абессина ва Зандия мамлакатлари, яъни Жанубий Африка, Малая оролларигача, Шимол томондан туркий ҳамда ва славян мамлакатларигача кенгайиб кетган. Шундай қилиб, у турли-туман халқларни бир-бирларини тушунишларига асосланиб тўпланган, булар ўзларининг битта худосига эга бўлганлар. Улар (яъни, маданий томондан бир-бирига яқин бўлганлар) одатдаги қаландарлар (кўчада юрувчилар) ва зўравонлар (кўча безорилари) аби ортиқча бўлиб қолмаганлар. Қолганлар қайсар эътиқодсиз динсизлар бўлишган.Ҳозир улар Ислом динининг тарафдорларини ҳурмат қиладилар ва улар билан тинч-тотув бўлиш йўлларини қидирадилар» [7.76.511-527-б], дейди. Валидий диний қарашлари таҳлилида Беруний яшаган даврда Хоразмда араб халқларининг вакиллари қаторида христианларининг ҳам яшаган эдилар. Беруний ўша даврда турли миллатлар учун маданий ҳамкорлик қилиш имконияти бўлганлигини ўзининг бошқа асарларида ҳам қайд қилиб ўтган эди.

Заки Валидий Берунийни Ислом дини маданияти ва Ислом дини тарихини ўрганишда мустақил оёққа турганлиги учун, агар шарқона таълимга эга бўлган филологлар энди умумий фанларнинг кенг доирадаги тадқиқот предмети бўла олиши учун, фаннинг барча соҳаларидаги шарқона манбалар билан, инсоният маданий тарихини қамраб олгани олий ўқув юртлар ва институтлар очилса ва бунда ғарбий дунёнинг илмий кучлари ислом олимлари билан бирга ишласалар [7.76.511-527-б]. Шу фикрлар асосида Валидий Ислом географик адабиётини ва Ислом маданий-тарихий манбаларини Европанинг асосий тилларига таржима қилиш барча олимларининг вазифаси бўлиши керак деган хулосага келади.

Гарвард университети профессори Ричар Н.Фрай Заки Валидий ижодини ўрганар экан: «Бирор-бир олим Берунийнинг қўлёзма асарларини Заки Валидийчалик ўрганган эмас» [7.38.], деб ёзади. Заки Валидий: «Агар Беруний асарлари («Китоб ал-Сайдана») бўлмаганда, шарқий Эрон тили, бутунлай йўқолган бўлар эди» [7.86.27-30-б] деган хулосани беради. Валидий 1936 йилда немис шарқшуносларининг VIII конгрессида «Қадимги хоразмликларнинг қадимий тили ва маданияти» мавзусида маъруза қилади» [7.50-44-б]. Бу олимнинг йирик тадқиқотларидан биридир.

Республикамиз мустақилликка эришганидан сўнг, аждодларимизнинг маънавий-маданий, илмий-фалсафий ҳамда диний меросини ўрганиш ва уларни тадқиқ этиш йўлида кенг имконият ва имтиёзлар яратилди. Юртимизда жаҳон фани ва маданияти ривожига улкан ҳисса қўшган кўплаб алломаларнинг етишиб чиққанлиги бутунжаҳон илм-фан оламига маълумдир. Мана шундай алломалардан бири бўлган Беруний «Ал-қонун ал-Масъудий», «Осор ал-боқия», «Минералогия», «Хоразмнинг машҳур кишилари», «Таҳдид ниҳоят ал-амокин ли тасҳиҳ масофат ал-масокин» («Турар жойлар орасидаги масофани текшириш учун жойларнинг охирги чегараларини аниқлаш»), «Мунажжимлик санъатидан бошланғич тушунчалар», «Ҳиндистон», «Таҳқиқ мо лил-Ҳинд мин маъқула мақбула фил-ақл ав марзула» («Ҳиндларнинг ақлга сиғадиган ва сиғмайдиган таълимотларини аниқлаш») каби асарлари билан Европа, Россия ва Шарқ мамлакатларини Ислом дини тарқалгунига қадар мавжуд бўлган жоҳилия даври тарихини ҳам синчиклаб тадқиқ қилган ва турли динларни ўрганиш асносида уларнинг тадрижий ривожланиб бориши ва воқеликка қандай сингиб боришини кузатган.

Истанбул университети туркийлар тарихи ва Туркистон тарихининг машҳур профессори Аҳмад Заки Валидийнинг ўзи Абу Райҳон Беруний ижодини кенг ва равон ёритганлиги мақсади амалга ошиб, Қадимги Хоразм тилини Машҳад кутубхонасидан топади. Ўзининг туркийлар тарихи бўйича тадқиқотларида Туркистон тарихини жаҳонга олиб чиқишда катта ҳиссасини қўшганлиги, айниқса темурийлар тарихига оид ўттиздан ортиқ тадқиқотлари бунга яққол мисолдир. Аҳмад Заки Валидий Берунийнинг тарих фалсафасини ўрганар экан, унинг ўзига хос жиҳатларига тўхталади. Жумладан: «Беруний фалсафий қарашларида тарихий ҳодисалар ўз даврига хос турли динларга мансуб шахслар қарашларининг инъикоси бўлиб, ижтимоий ҳаёт унинг кузгуси сифатида талқин этилади. Инсоннинг табиий эҳтиёжлари, яшашга бўлган интилишлари, турмуш муаммоларини ҳал этишда ақлни ишлатиш, мушоҳада орқали оғирни енгил қилиш, меҳнат унумдорлигини ва ҳаёт фаровонлигини таъминлашда фикр юритишдан фойдаланиш зарурий эҳтиёждир» [4.6-76-б], - дея алоҳида таъкидлайди. Беруний халқлар тарихини, уларнинг турмуш тарзи, урф-одат анъаналарини ўрганишда ютуқларидан бири шундаки, ҳар бир тарихий воқеликни тушунишда турдош фанлардан кенг фойдаланади. Берунийнинг маълум бир халқ тарихи, ёки ўтмишининг маълум бир даври ҳақидаги хулосалари, юксак дид, ноёб кўриниши даражасига кўтарилиб, айрим жойларда чуқур таҳлил фалсафий мушоҳада юритиш устуворлик қилади.

Аҳмад Заки Валидий Абу Райҳон Берунийнинг диний-фалсафий қарашларини таҳлил қилиб қуйидаги хулосага келади. Ўрта Осиё халқлари, уларнинг маданияти ва тарихига доир маълумотлари илм-фан тараққиётида муҳим аҳамият касб этади. Беруний унда турли халқларнинг маросим, урф-одат, байрам ва тадбирларини ўзаро қиёслаб берган. Валидийнинг фикрича, яхлит бутун ҳодисаларни фақат диний асослар билан изоҳлаш унумлидир. Беруний, ибн Мискавайҳ, Шамс Иджий ва Ибн Халдун каби олимлар учун дин, юксак маънавиятдан иборатдир. Бутун Ислом тарихи адабиётини «теократик» асосда ёзилган деб татбиқ қилиш жоиз эмас. «Дуалист» таъбирини уларга тушунтириш нотўғри. «Теократик» фалсафа аксарият европа католик мамлакатларининг фалсафасидир.

**Хулоса сифатида қуйидагиларни келтириш мумкин:**
Аҳмад Заки Валидий Тўғон томонидан Абу Райҳон Беруний илмий-фалсафий меросини ўрганилишида,
1. Заки Валидийнинг фалсафий қарашларини шаклланишида Абу Райҳон Берунийнинг фалсафасининг аҳамияти катта;
2. Валидий Беруний асарларини таҳлил қилар экан, Беруний тарихий ҳодисаларни иқтисодий ҳамда диний нуқтаи назардан исботлашга ҳаракат қилишни илмга зид деб баҳолайди. Заки Валидий Ғарб ва Шарқ маданиятини иккига бўлади. Хитойликлар, туркийлар ва ҳиндлар Шарқ маданиятининг асосчилари дея эътироф этади.

3. Валидий Абу Райҳон Берунийнинг «Қадимги халқлардан қолган ёдгорликлар» асарини мусулмонлар, христианлар, зардуштийлар, яҳудийлар, жоҳилия даври арабларининг тарихи, афсона ва ривоятлари, тақвимлари, урф-одат ва маросимлари, диний эътиқодларини диний-таҳлилий ва қиёсий услубда баён қилганлиги уучун қиёсий диншуносликка оид энг сара асар дея таъриф беради. Берунийни Ислом қиёсий диншунослигининг асосчиларидан бири, деб ҳисоблаш мумкин деган хулосага келади.

## 2.3. Аҳмад Заки Валидийнинг Ибн Халдун диний-фалсафий қарашларига муносабати

Абдураҳмон Муҳаммад ибн Халдун (1332-1406) тарих, социология, сиёсатшунослик фанларининг асосчиларидан бири ҳисобланади.

Ибн Халдун тарих ва фалсафа фанларининг услубини мустақил мавзу сифатида ўрганган ягона Ислом олимидир. У 1332 йил Тунисда дунёга келган. Дамашқ, Ғарнотадаги давлат арбобларидан бўлган. Маълум вақт қозилик ҳам қилган. 1406 йил Қоҳирада оламдан ўтади. Сайёҳлик ҳаёти унга турли миллатлар анъаналари урф-одатларини ўрганиш имкониятини беради. У қадимий манбаларга асосланиб шимолий Африка ёввойилари тарихива маданиятини ёзган. Кейинчалик унга тузатишлар киритиб, ислом тарихига доир йирик асар шаклига келтирган.

Заки Валидийнинг Ибн Халдун фалсафасини ўрганишига сабаб, тоғаси Ҳабиб Нажжорнинг кутубхонасида бу олимнинг олти жилдлик туркчага таржима қилинган «Муқаддима» [7.28-105-б]си сабаб, бўлганлигини «Хотиралар»ида келтиради. Валидий: «Ибн Халдуннинг ижтимоий-сиёсий, ахлоқий қарашлари антик давр файласуфлари Арасту ва Афлотунларнинг ғояси асосида бўлса, жамиятда ахлоқий қарашлари ўрта асрлар олимлари Форобийнинг концепцияси ва фалсафий назарияларида Абу Али Ибн Сино фалсафасида, Ибн Рушднинг дунёқарашлари асосида бўлган» [7.87-32-б], дейди.

Шунингдек, Валидий: «Ибн Халдун Дашти Қипчоқ қабилалари ҳақида ёзиб, уларнинг номланишини; 1) Тўқсоба, 2) Сета, 3) Бурджоғла, 4) Эльбўли, 5) Канаарали, 6) Оғли, 7) Дурут, 8) Калабаали, 9) Джерсан, 10) Кадкабиркли, 11) Кунун каби уруғларга бўлади ва уларнинг этник келиб чиқишларини мўғулларга бориб тақайди» [7.88.]. Бир неча асрлардан буён олимларнинг тортишувларига сабаб бўлаётган Тўқсоба уруғи этник жиҳатдан мўғулларга бориб тақалади, деган хулосага келади. Валидий «Хотиралари»да: «««Ал-Ибор» ёхуд «Унвон ал-Ибор» номли етти жилдлик асарнинг

«Муқаддима»сида Ибн Халдун тарих фалсафаси ва ижтимоий ҳаёт масалалари билан шуғулланган» ҳамда бу асар бошқа Ислом тарихига оид асарларидан катта фарқ қилмаслигини таъкидлаб ўтади.

Тарихий воқеаларини баён этиш жараёнида прагматик услубдан фойдаланган Ибн Халдун бу қарашларини қадимги юнонлардан олган, деб айтиш мушкул. Аксинча, унинг қарашлари ўз мушоҳадаларининг маҳсулидир. Унинг фикрича, тарих илми миллат ва қавмларнинг доим рақобатда бўлган бир соҳасидир. Сабаби, тарих зоҳиран, қадимги даврларга оид хабарларни нақл қилишдан иборат бўлса-да, ботинан у инсон учун тафаккурлаш ва суриштирув майдони ҳисобланади. У коинотдаги ҳодисаларнинг зохирий иллатларини таҳлил қилади. Ҳодиса ва воқеаларнинг сабабларини излайди.

XVIII-XIX асрларда ўз тарихий асарларида буни қисқарган шаклда қўллаган туркиялик Жавдод Пошшо (вафоти 1895 й) ҳам ўз қарашлари асосини араб олимлари бўлган. Ибн Таймийя ва Ибн Халдун асарларидан олганлигини эслатиб ўтади [7.29-159-б], Ибн Халдуннинг тарих фалсафасининг асосини англатган бу жумлаларни ўзлаштириб, ўз асарларида тарих фалсафасига доир мутолаалар ёзган. Усмонийлар адибаси Наима билан Шаҳобиддин Маржоний томонидан тарих фалсафасига доир илмий изланишлар олиб борган.

«Ибн Халдун ўзидан олдин ўтган барча таниқли ва етук Шарқ классик олимларининг кейинги авлоди бўлиб, Шарқ ва Ғарбда ҳозирги замон ижтимоий-фалсафий ва назарий-тарихий илмларнинг отаси деб қаралади. Бу алломанинг ҳаёт йўли ўзининг «Автобиография»сида маълумотларни тўлиқ баён этилгани учун, бу асарни Франц Роузенталь» Ўрта аср мусулмон дунёсининг энг мукаммал асаридир» [9.3.], деган хулосага келган.

Ибн Халдуннинг «Муқаддима», «Китаб ал-Ибар» асарлари Ғарбнинг ижтимоий-иқтисодий ривожланишига катта таъсир ўтказиб, барча Европа тилларига, жумладан, баъзи қисмлари рус тилига ҳам таржима қилинган экан.

Роузентальнинг ёзишича: «Ибн Халдунннинг 1382 йилгача бўлган илмий ҳаёт йўли араб олимларидан бири Ибн ал-Хатибнинг «Гранада тарихи» асарида мукаммал ёритилган. «Ибн Халдуннинг «Муқаддима», «Катта тарих» китоблари фундаментал асарлар бўлиб, аллома инсоннинг ижтимоий ҳаёти ва табиий қобилиятини ривожланишини бешта босқичга бўлиб, уни давлатни шаклланишида ва тараққиётида катта аҳамиятга эга эканлигини асослаб беради» [9.4.]. Ибн Халдун илмий-фалсафий тадқиқот ишини мусулмон дунёсидаги тарихий жараёнларни инсоният ривожининг қонунияти даражасига кўтаради.

Ибн Халдун пайғамбарлар ҳаёти ва шоҳликлар тарихидан, инсоният тарихигача бўлган барча босқичлар маълум бир қонуният асосида ривожланганини бирма-бир таҳлил қилиб чиқиб, янги бир фалсафий йўналишга асос солади. «Барча тоифадаги халқлар, элатларни, «Муқаддима» асарида ва бошқа асарларида аллома, айниқса, Мағрибдаги бадавийлар (кўчманчи) билан шаҳар аҳолиси орасидаги тафовутлар устида тўхталиб, кўчманчи бадавийлар (қишлоқ аҳли)да шаҳарликларга (ўтроқ) қараганда уруғдош-қабилачилик асосидаги якдиллик кучлилигини ва бу ҳолат иқтисодий-ижтимоий ҳамда сиёсий жиҳатдан кучли муҳофазаланганлигини фалсафий жиҳатдан асослаб беради» [7.81-65-б]. Шунингдек, Валидий: «Ибн Халдуннинг бу асарида мусулмонлар жамоаси раҳбари учун «Эзгулика ундаш ва ёмонликлардан қайтариш» қоидаси диний ваколат ҳисобланганлиги» [7.12.], ҳақидаги фикрлари Ибн Халдуннинг вазир ва маслаҳатчи бўлган даврда бу лавозимдаги одамлар учун муҳим аҳамият касб этишини эътироф этади.

Ибн Халдун умрининг охирида Соҳибқирон Амир Темур билан учрашиб, кўп суҳбат қурган ва бу ҳакда муфассал маълумотлар ёзиб қолдирган. Ибн Халдуннинг асосий асарларидан «Таржимаи ҳол», «Муқаддима», «Китоб ал-Ибор фи ахбори қабоили араб ва арбар», «Шуро ас-Соил» («Тасаввуфга доир») ва бошқалар олимлар (С.Бациева,

Р.Блошер, С.Н.Григорян, А.Мец, Ш.Пелла, А.А.Игнатенко, А.Сагдеев ва бошқалар.) томонидан яхши ўрганилган.

Тарихдан маълумки, «Амир Темурнинг ёшлиги ҳақида маълумотлар кам учраса-да, айрим манбаларга қараганда, у ёшлигида хат-савод чиқариб, ўз даврининг тиббиёт, риёзиёт, фалакиёт, меъморчилик ва тарих илмларини ўрганган. Амир Темур билан суҳбатлашиш шарафига муяссар бўлган араб файласуфи Ибн Халдун соҳибқироннинг турк, араб, форс халқлари тарихини, диний, дунёвий ва фалсафий билимларнинг мураккаб жиҳатларини яхши ўзлаштирганини таъкидлайди. Бу хусусда Ибн Халдуннинг фикрига кўра давлат ҳаёти ўзига хос босқичларга эга бўлиб, жумладан, унинг зафар даври дунёга келиши ва маълум бир маконда эгалик ҳуқуқини қўлга киритиши, ундан кейинги ҳукмронлик даври, куч-қувватга тўлиб, ўз таъсирини ўтказиш, давлат мақомини эгаллаш билан бирга ўз ҳудудини бошқаришдан иборат бўлиб, унинг натижасида эса, юзага келган барқарорлик, тинчлик, фаровонлик, маданиятнинг жамиятдаги ўрни, умумий ижтимоий тенглик ва қадриятнинг юқори тутилиши, ҳар қандай можаролар, келишмовчиликлар ва қарама-қаршиликларни бартараф этиш кабиларни бошидан ўтказади. Кейинги ҳолат аста-секинлик билан кучсизланиш, таъсирнинг йўқолиши даврини бошлаб беради ва таназзул даврини юзага келтиради. Бу бевосита, юқорида айтганимиздек, бир инсоннинг дунёга келиши, яшаш завқи, ҳаёт неъматларидан унумли фойдаланиш ва ана шу лаззатлар, нашъу намолар оқибатида ўзлигини йўқотиши, барқарор кучнинг динамик ривожланишига эътибор бермаслик иллатларининг юзага келишига ва натижада инсон ўз-ўзидан инқирозга юз тутиб, ҳаёт шомига етиб келганлигини кўрсатадиган чуқур мантиқий ва ахлоқий воқеликдир» Бу фикрлардан келиб чиқиб, Ибн Халдун ана шу нуқтаи-назардан ҳам давлатларнинг юзага келиши ва инқирозини «биологик ҳодиса» сифатида баҳолайди ва «ҳар бир инсон каби давлат ҳам ўлимга маҳкум» [9.4.] деган хулосага келади.

Валидий: «Ибн Халдуннинг Ислом ҳукуматлари сиёсий ҳолатига оид фикрларига нисбатан баҳслашишни истаймиз» [7.12-737-б.], - дейди. Мақолада Ибн Халдуннинг Ислом динининг ўтмиши ва истиқболи ҳақидаги фикрларини талқин этади. Шунингдек, мақолада Ислом давлатларининг истиқболи хусусидаги фундаментал асосга эга бўлган фикрлар ўртага ташланган. Валидий ўз мақоласи изоҳида Европада машҳур бўлган бир фикрни келтиради. Бунга кўра, Ислом давлатлари дин асосида бўлгани учун тараққиёт борасидаги ғоялари амалга ошмайди.

Ибн Халдуннинг бу фикрларидан Аҳмад Заки Валидий Ислом давлатларининг истиқболи, келажакдаги тақдири ҳақидаги европалик ҳамда ислом уламолари илгари сурган уч хил тахмин, башорат қандай эгалигини таҳлил қилади.

Юқоридаги фикрга Валидий, қуйидагича муносабат билдиради: «Ислом ҳукуматлари уч юз йиллик ҳаётларини руҳоний бир давлат бўлиб кечирмади. Унинг фикрича, уч аср давомида Арабистон, Туркия, Эрон, Ироқ, Сурия, Ливан ва Миср каби давлатлар ўз сиёсий, иқтисодий, маданий ва маънавий ҳаётида фақат шариат ва диний таълимотлар билан чекланиб қолмай, жаҳон сиёсати ва иқтисодий ривожланиш қонуниятларини ҳисобга олдилар, дунёвий илм-фанларни эгалладилар, ҳуқуқий фуқаролик жамияти қуришга яқинлашдилар» [7.29-157-б], - дейди.

Илк мусулмонлар жамоасининг фикрича, диний ва дунёвий салтанатни бирлаштириш тўғри эмас эди. Валидий мақолада: «Султонлар ўз мавқеини сақлаб қолиши учун халифага қарши уруш бошладилар»,- деб ёзади. Мақола муаллифи терминологияда аниқликка риоя қилмаган. Аммо Заки Валидий масаланинг моҳиятини тўғри тушунтиради. Янги дунёвий давлат раҳбарлари мусулмонлар даври жамоаси фуқароларнинг тенг ҳуқуқлилигини бузиб, ўз шахсий, оилавий, қариндош-уруғларнинг манфаатларини биринчи ўринга қўйиш мусулмонлар оммасининг ғазабини келтирган.

Давлат манфаатлари деган тушунча - илк Исломий жамоаларда ҳам бор эди. Шариат аҳкомлари, фиқҳ уламолари ишлаб чиққан қонун-қоидаларда давлат манфаатлари билан жамоа манфаатлари бир хил маънони англатарди. Валидий бу мақоласида жуда қисқа бир жумлада буюк тарихий давлатчилик ўзгаришини ифодалаб «Мўғуллар давлатининг бошлиғи Чингизхон диний бошқарув тизимини бутунлай тугатди», дейди. Аммо Чингизхон, асосан, «Ясо» қонунларини жорий этган бўлса-да, Бухоро, Термиз ва бошқа жойларда мўғул доруғалари назорати остидаги маҳаллий халқни бошқариш учун дин арбобларидан ҳам вақтинча фойдаланган. Лекин, мўғул истилочиларига қарши чиқиб, мусулмонларнинг ҳуқуқларни, манфаатларини ҳимоя қилган Шамсиддин Маҳбубий ва Маҳмуд Торобий каби дин арбобларини шафқатсиз азоблашган, қатағон қилишга фармон беришган. Бундай ёвузликлар, шафқатсизликлар мўғул истилочиларига қарши мусулмонларнинг миллий озодлик курашиши келтириб чиқарди.

Заки Валидийнинг фикрича, аббосий халифалардан мустақиликка эришган Миср, Қоҳирада ташкил топган арабийлар давлати диний ва дунёвий давлатни бирлаштира олдилар. Манбаларга кўра, Мисрдаги арабийлар давлати Ҳазрати Али авлоди бўлмиш ўн икки имомларни эъзозловчи, шиаларнинг сўл қаноти бўлмиш исмоилия мазҳабининг халқ оммаси манфаатларини ҳимоя қилиши шиоридан фойдаланиб, шу диний таълимотга суянган ҳолда, диний бошқарувни амалга оширган. Валидий: «Ибн Халдун, инсон ва инсоният жамияти устида фикр юритишнинг янги уфқларини кашф этди» [4.15-244-б], - деган хулосага келади.

«Ибн Халдуннинг давлат назарияси бир инсоннинг туғилиши, яшаши ва ўлими билан боғлиқ бўлган табиий ва муқаррар жараённи қамраб олади. Инсон умрининг замирида ҳаётнинг мавжудлиги ва доимийлиги, дунёга келиш, ҳаёт учун интилиш, яшаш шавқи, шуури, мазмуни изтироблари ва таназзули ўз ифодасини топади. Бу бевосита маълум бир давлат ҳаётига қиёслаганда унинг тарихий тараққиёти ва таназзулининг яхлит кўламини, умрини ва бутун моҳиятини ўзида мужассам этади.

Ибн Халдун жаҳон тарихини ўрганар экан, маданиятлар, цивилизацияларнинг юзага келиши, маданиятлараро интеграция ва жаҳон ҳамжамиятининг умумий тараққиёти қонуниятларини ўзига хос тарзда тадқиқ этади. Турли маданиятларнинг вужудга келиши, кўманчи халқларни, кичик этнослар ва миллатларни бир-бирига қўшиб юбориш натижасида келиб чиқадиган интеграциялашувнинг салбий оқибатларини аниқ кўрсатади ва ҳар қандай кичик маданиятлар «маданий интеграция» оқибатида катта халқларга маданий тобелик оқибатида йўқ бўлиб кетиши мумкинлиги каби оғриқли ғояларни илгари суради» [4.2-75-б]. Асрлар ўтиб, В.Шмидт, О.Менген, В.Копперс, А.Тойнби каби Европа фалсафаси намояндалари айни ана шу ғояни илгари суриб, Ибн Халдун илмий назарияси тарихий ҳақиқат эканлигини кўрсатдилар.

Ибн Халдуннинг тарих фалсафаси ўз даврида катта шуҳрат топди. Оқ денгизнинг соҳилларида яшовчиларнинг яшаш тарзи, маданий ҳаётини қаламга олиб, маълумот берганлиги, Эрон, Туркий ўлкалар ижтимоий ҳаётини ўрганиши унга қадимги юнонларга нисбатан янада кенг ижтимоий назарияларни илгари суриш имконини берди. У оламда маданият ва давлатлар ўзгармас «Бир тарихий қонундир, унга тобе бўлиш, бўйсуниш ва бу ишларда, энг аввало, географик ҳамда иқтисодий омиллар муҳим роль ўйнашини» бирма-бир тушунтирган.

XVIII асрдан бошлаб европаликлар алломанинг асарларидан бехабар ҳолда уникига ўхшаш бир қатор изланишлар олиб борадилар. XVIII аср охирида Д.Эрбелот XIX аср бошларида С. Де Сасилар Ибн Халдуннинг «Муқаддима»сини тадқиқ қиладилар. 1862-1268 йилларда Ибн Халдун асарлари Де Слэйн томонидан француз тилига таржима қилиниб нашр этилгач уни Европага ҳам машҳур қилади.

Ибн Халдун жамият ривожида иқтисодий омилларни муҳим эканлигини таъкидлайди. Материалистик оқим тарафдори ҳам бўлиб, миллатлар ҳаётига географик омиллар таъсирини санаб ўтади. Бу борада француз олими Монтескьега ҳамфикр бўлган. Шунингдек, социология фани асосчиси, бўлган Огюст Конт (1798-1857) унинг фикрларига қўшилган.

Ибн Халдун давлатларнинг ташкил бўлишидаги динамик қувват ва пўлат иродани асосий омиллардан деб ҳисоблашига кўра, итальян олими Макиавеллидан аввал бу хусусиятларни ўрганган социологдир. У ўз асарларида миллатларнинг руҳияти ва характери масаласига катта ўрин берган.

Германияда Освальд Шпенглер ва Англияда Арнольд Тойнби каби маданиятшунос олимларининг ўз назарияларини олға суришларига қарамасдан, Ғарб ва Шарқда маданий юксалишларнинг ривожланиш даражаси ўзгармаган. Ибн Халдун назарияларининг ислом олами ичида қолишига доир инглиз олими Х.А.Гибб томонидан қилинган ишлар ҳам буюк мутафаккирларнинг фикр ва назарияларининг оригинал эканлиги ҳақидаги фикрларни ўзгартира олмаган.

Ибн Халдун назариясининг аҳамиятли жиҳатлари қуйидагилар:

1) Тарихда ривожланиш ва иллат йўлини танлаши ва унда иқтисодий ва географик омилларга жой ажратганлиги, инсонни «маданий» ҳолда ривожланишини «ижтимоий ҳаёт зарурияти» деб билади.

2) Давлатнинг дин билан чекланмаслиги илгари суриб, давлат бошқарувида теократизмни рад этиш. Ибн Халдун давлат, сиёсат ва миллатларнинг ривожланишига оид фикрларида давлат ва шахсни бир хил даражада ўткинчи деб ҳисоблаган.

Бу «Инкор этиб бўлмайдиган қисмат»,- деб кўрсатувчи назариялари инсонларда пессимистик қарашларнинг кучайишига сабаб бўлган. Тарихчи номида ҳам Ибн Халдуннинг юқоридаги назариясини Валидий муайян бир биологик қонуннинг жамият ва давлатлар тузишда етакчи бўлганини олға сурувчи бу назарияни оддий ҳақиқат сифатида қабул қилиб, унга ишонган ва Усмонийлар давлатининг баъзи сунъий амалиёт доирасида вақтинча эканлигини таъкидлаган.

Ибн Халдун ижодининг йирик тадқиқотчиларидан бири бўлган Аҳмад Заки Валидий унинг сиёсий қарашлари ҳақида 1914 йилда «Билги» журналида Аҳмад Заки Валидийнинг «İbn Haldun'un nazarinda Islam hükümetlerinin istikbali» - «Ибн Халдун назарида Ислом ҳукуматларининг истиқболи» номли мақоласи эълон қилинган.

Мақолада IV-V аср охирларида давлатларнинг ва маданиятнинг тараққиёти Ибн Халдуннинг давлат тузилиши назариясини хато эканлигини кўрсатди.

- Энергия манбаалари табиий ҳолида топилган унсур сифатида кўчма унсурларга давлатларнинг ва маданиятларнинг ташкил топишида муҳим роль ўйнайди. Ибн Халдун мусулмон бўлгани ҳолда дунёни диндан ажратиш керак, деб ҳисоблаган.

- Ҳаёт ижтимоийлик ва дин билан қоимдир ва шариатсиз сиёсат бўлмайди деган фикрда бўлганларнинг фикрларини рад этган.

- Икки алоҳида муассаса сифатида «салтанат»нинг вазифаларини кўрсатиб ўтган.

Шунингдек, мақолада изоҳлаган ва туркийлар учун халифалик ва теократизм фикридан айрилиб, давлат ишларида Ибн Халдун каби фикрлашнинг яна ҳам хайрли бўлишини таъкидлаб, Исломиятни теократизм асосида ислоҳ этишни хоҳлаган Мусо Жоруллоҳ ва Муфти Муҳаммад Абду каби инсонларнинг асарларини танқид қилган эдим. Ўша пайтларда Халифалик ва Салтанат бир шахс қўлида тўпланганлиги сабабли, бу мақола Туркиянинг баъзи Ислом олимлари орасида нотўғри фикрларга сабаб бўлади. Бу эса Валидийга қарши танқидий нашрларга замин ҳозирлайди. Аммо Валидий Европача фикрни ўзлаштирган кўпчилик олимлар буни яхши кутиб олганлигини 1931 йилда Отатуркдан ва Профессор Тавфиқ Рушту Арстондан эшитади.

Ибн Халдун жаҳон тарихида, буюк давлатларнинг ва маданиятларнинг ривожида этномаданий унсурларга аҳамият бериб, уларни ўтроқлашиб, миллатларини йўқотганликлари ҳақидаги фикрлари ҳам замонамизда айри кўчманчиларни миллатлар тузган, уларни бир-бирига қўшган ва натижада маданий фуқаролар орасида эриб йўқ бўлган фаол унсур деб ҳисоблаган. В.Шмидт, О.Менген, В.Коперс ва Арнольд Тойнбиларнинг олға сурган фикрлари бир хилдир. Тойнби Ибн Халдунни яқиндан ўрганган унинг бир қанча асос фикрларини ўзлаштирган олимдир.

Ибн Халдун Аё София ва Асал Афанди кутубхоналарида сақланган «Саёҳатнома» асарида Шомда Темур билан учрашганини дунёда ҳокимиятни кўчманчи араблардан кейин туркийларга ўтганини шундай ёзади: «Дунёда икки миллат ҳокимиятга эгалик қилиш учун яратилгандир: бири араблар, бошқаси эса турклардир. Ҳижрий IV асрнинг охирларигача араблар ҳоким эди. Кейин ҳокимият аста секин туркийларга ўтди. Ҳозир бу ҳокимиятнинг туркийларга кечиш жараёни Темурнинг даврида энг юқори босқичга чиқди. Дунё яратилганидан бери бундай бир давлат қурилмаган. Бобил ва Эрон ҳукмдорлари ҳамда македониялик Искандар ҳам бу буюк жаҳонгирнинг соясида қолади. Лекин бир кун келиб ҳамма нарсанинг ниҳояси бўлгани каби бу ҳокимият ҳам туркийларнинг қўлидан кетади» [4.2-75-б].

Шарқшунос олим таржимон ва ёзувчи Ғулом Карим эса, Амир Темур ва Ибн Халдун учрашувини «Соҳибқирон ва аллома» номли китобида қуйидагича шарҳлайди: Соҳибқирон Амир Темур ва Ибн Халдун 1400 йилда жами икки маротаба Дамашқда учрашишган. Ибн Халдун Амир Темур ҳузурига Дамашқ аҳолиси номидан омонлик сўраб келади. Шу учрашувда Ибн Халдун учта китоб «Қуръони Карим», ўзининг «Китоб ул-ибар» («Ибратлар китоби») ва Муҳаммад ибн Саид ал-Бусирийнинг Муҳаммад алайҳиссаломга бағишланган машҳур қасидасини совға қилади. Учрашувда Амир Темур Ибн Халдунга ватани ҳақида суҳбатлашишни таклиф қилади. Амир Темур тарихчидан Танжа, Сабата, Фас, Силжилос шаҳарлари ҳақида сураганида, Ибн Халдун Турондан шунчалик олисда туриб бу шаҳарлар ҳақида билишидан таажжубга тушади. Шунингдек, Амир Темур Ибн Халдунга Мағриб мамлакатлари ва Андалусия ҳақида билишни хоҳлашини айтади. Олим бу тўғрида «Мағриб тавсифи» номли асар ёзиб, асарда ҳар бир шаҳарга тавсиф бериб, харитасини ҳам кўрсатади ва Амир Темурга совға қилади.

Кейинги учрашувда, Ибн Халдун инъом этган «Китоб ул-ибар»ни Амир Темур ўқиб, Ибн Халдунга савол беради: «Китобингизда инсон зоти ақлу ҳунари туфайли ҳайвонлар жамоасидан ажралиб чиқди» деб ёзибсиз. Аллоҳ таоло одамни жониворлардан афзал қилиб яратган ва уни «Инни жаилун фил арзи халифатан», яъни «Мен одамни Ерда халифа қилмоқчимен» ояти билан сарафроз этган. Шундай экан одам маҳлуқотлар орасидан чиқди демоқ ва уни баъзи сифатларга кўра маймунга қиёсламоқ башар авлодига беҳурматлик эмасми?» деган саволига Ибн Халдун жавоб беради: «Бу масалада фикрингиз тўғри. Аллоҳ инъом этган ақлни ривожлантирмаса ҳайвон даражасигача боради демоқчи эдим», дейди. Бу хусусда Африка жанубида баъзи ёввойи қабилалар бўлиб, улар ярим ҳайвон каби яшаш ёки ҳозирги яшаш тарзларини ривожлантиришлари кераклилигини айтади. Амир Темур Ибн Халдуннинг давлат бошқаруви ҳақида қарашларини Абу Наср Форобийникидан кўра Носириддин Тўсийникига яқинроқ ва баъзи ҳолларда Тўсийдан ҳам мукаммалроқ эканлигини айтади. Амир Темур олимлар ҳукмдорсиз яшашлари мумкин лекин ҳукмдор олимларсиз яшай олмасликларини таъкидлайди. Амир Темур Ибн Халдунни Самарқандга [4.16.186-204-б] таклиф қилади. Лекин Ибн Халдун ёши ўтиб қолганлиги, узоқ йўл машаққати ва мусофирлик юкини кўтара олмаслигини айтиб, узр сўрайди.

Илмий асарлар баъзи ҳолларда таъқиқланиб, уларнинг ёзилган даврлари, ўша мамлакатлардаги ахлоқ, дин ва фикр жараёнлаши кўрсатиб берадиган ва фикрий ривожланишлар натижасида қийматини йўқотган асарлардан ҳам сўз юритади. Масалан, Ислом оламида Қози Мир (яъни Ашир ал-дин Абқарининг «Китоб ал-ҳикма»сига шарҳ ёзган Қози Мир ал-Майбади) қабилаларнинг асарлари бир аср аввалгача мўътабар экан, ҳозирги фалсафа соҳасидаги тараққиёт ва ривожланишлар натижасида Қози Мирнинг асари назар ва эътибордан тушгандир.

1912-1913 йиллардан бошлаб Заки Валидий Ибн Халдун ижоди билан шуғулланган. Шунингдек: «Исломнинг илоҳийлигига қарши ёзилган мақолаларга такриз» [7.28-105-б]ни Туркиянинг «Билги» журналида ҳатто Мустафо Камол Отатуркнинг ўзи ўқиганлигини Валидий билан учрашувда айтади. Шунингдек, Валидий достонлар ҳақида қизиқа бошлар экан, шундай хулосага келади: миллий достонлар, тарихий воқеаларни тасвирлашдан кўра, кўпроқ миллатнинг юксак миллий туйғуларини билдиради, ҳамма достонлар озми-кўпми тарихга алоқадор идеал оламни, яъни мукаммал оламга кўрсатган халқ адабиёти асарларидан иборатдир. Миллий достонлар масаласига жиддий ёндашганда улар тузилишида асоси бўлган халқ тарқоқ яшаган даврларда ва у халқнинг ҳали бирлашмаган уруғлари онгида шаклланган воқеалар ёки инсонни ҳаяжонга солувчи диний ва дунёвий ҳаёт анъаналари ўрин эгаллаганини кўриш мумкин.

Бирор бир қабила, элат ёки халқда достончилик ривожлангунига қадар, бу халқ жиддий бир маданий таъсирга учрамаган даврда барча уруғларга тегишли бўлган тарихий воқеалар, ахлоқий ва ғоявий қарашлар ҳақида бўлиш, керак достон парчалари эса, ушбу ҳодисалар атрофида тўпланиши лозим.

Халқда достончилик ривожланиб улгурган бу вақтда, ушбу ҳодиса туфайли буюк маданий ҳаракат бошланган бўлса керак-ки, жамиятни бир қисмининг маданияти илмли бир шоир (бахши) парчалари инсонларни хотирасида тўпланган ва унутилишига юз тутаётган миллий достонни муайян бир режа асосида тартибга солиб, унга ёзув шаклини берган. Гомер ва

Фирдавсийлар бу маданиятни яратган шахслардир. Булар ёзиб тўғриланган достонларнинг ижодкорлари эмас, балки аввал тарқоқ бўлган халқ адабиётини, миллий бирлик туйғусининг ривожланиши ва маданият туфайли ҳосил бўлган марказланиш тамойилининг яратилишида бир воситадирлар.

Ибн Халдун ўз даврининг етук мутафаккири, файласуфи ва социологи, тарихчиси эканлиги ва «Валиуддин» унвонини олган ўнлаб шоҳларнинг саройида хизмат қилган етук шахс ва далат арбоби бўлган. Жамият ижтимоий-маданий тараққиётига муносиб ҳисса қўшиш борасида етарли тажрибага эга бўлган ва айни пайтда диний ҳамда дунёвий билимларни чуқур эгаллаган алломадир.

Ибн Халдун фалсафаси тарих ва социология, инсоншунослик, фалсафа, этнография, география ҳамда мантиқ билан бирга диний дунёқарашнинг дунёвий тафаккур ила уйғунлашган шакли сифатида дунёга келганлиги намоён бўлади.

**Хулоса**

Заки Валидийнинг Ибн Халдун диний-фалсафий қарашларига муносабати асосида қўйидагича хулосаларга келиш мумкин.

1. Ибн Халдуннинг диний-фалсафий ва ижтимоий-сиёсий, ахлоқий қарашлари Арасту ва Афлотунларнинг фалсафий ғояларига асосланган бўлиб, ахлоқий қарашлари эса, Абу Наср Форобийнинг жамият ҳақидаги концепцияси ва фалсафий назарияларида Абу Али Ибн Синода ҳамда Ибн Рушднинг дунёқарашлари асосида бўлган.

2. Ибн Халдун илмий-фалсафий қарашлари Ислом таълимоти асосида жамият тараққиётини қонуният даражасига кўтаради.

3. Ибн Халдун борлиқдаги ҳамма ҳодисалар маълум бир қонун тизимлари асосида тараққий топганини таҳлил қилади ва бунда ислом динининг ўтмиши ва истиқболи тўғрисидаги фикрларини тадқиқ этади.

Боб бўйича қуйидагича хулосага келиш мумкин:

Биринчидан, Заки Валидий диний-фалсафий мероси таҳлили билан бевосита дин, унинг туркий халқлар ижтимоий-маънавий ҳаётида тутган ўрни, турли фалсафий мактаблар ва таълимотларга таъсири масаласига алоҳида эътибор қаратиши, бунда унинг инсонпарвар мутафаккир сифатида ушбу масалага холис ва ҳаққоний равишда ёндашганлиги эътиборга моликдир.

Иккинчидан, Заки Валидий ислом таълимоти ва фалсафасини ёритишда, бир томондан, холисона фикр-мулоҳаза ва далилларга суянган бўлса, иккинчи томондан эса, бу жараёнда ўзининг илмий услубини муваффақиятли жорий эта олган. Шунинг учун унинг ислом таълимоти ва фалсафасини қандай ёритиб берганлиги ёки баҳолаганлигидан қатъий назар, мазкур масалага илмий ёндашгани учун шу соҳага оид кейинги тадқиқотларда унинг қарашлари энг муҳим манбалардан бири бўлиб қолишига асос бўлиб хизмат қилган.

Учинчидан, қатор тадқиқотчилар томонидан Заки Валидийнинг улкан илмий меросини тадқиқ этиш борасида самарали ишлар амалга оширилган бўлса-да, Ғарб ва Шарқ фалсафаси хусусан Ислом таълимоти ва фалсафаси мутафаккир томонидан тадқиқ қилинишининг илмий ва методологик аҳамияти ҳақида махсус тадқиқот ишлари етарлича амалга оширилмаганлиги учун кўпгина масалалар ҳанузгача очиқ қолган. Шу нуқтаи назардан аллома дунёқарашини тадқиқ этишнинг методологик аҳамиятини ёритиш мамлакатимиз фалсафа тарихи фанининг долзарб масалаларидан биридир.

Тўртинчидан, Заки Валидий Ғарб ва Шарқ фалсафаси вакиллари қарашларини қиёсий таққослаш усули орқали улардаги ўхшаш ғояларни аниқлагани ва бу муштарак ғоялар пантеистик характерга эга эканлиги ҳамда бугунги фалсафа тарихи фан методологиясининг ривожи учун қимматлилиги аҳамиятга моликдир.

## III.БОБ. ШАРҚ ИСЛОМШУНОС ОЛИМЛАРИ МЕРОСИНИ АҲМАД ЗАКИ ВАЛИДИЙ ТОМОНИДАН ТАДҚИҚ ЭТИЛИШИ

Аҳмад Заки Валидийнинг диний-фалсафий меросини ўрганиш борасидаги мустақиллик давригача олиб борилган ишларни янгидан, холисона ўрганиш, таржима ишларини давом эттириш ва чоп этишни кенгайтириш масаласида аниқ, конструктив илмий таклиф-тавсияларни ишлаб чиқишга эътиборни кучайтириш долзарб аҳамиятга эга. Айниқса, бугунги кунда ислом таълимоти ва фалсафаси ривожига оид тадқиқотлар асосида аждодларимизнинг бой илмий меросини жаҳон файласуфларининг қарашлари билан қиёслаган ҳолда ўрганиш ва бу билан жаҳонга бой маънавий-маданий меросимизни тарғиб қилиш, айниқса, туркий халқлар маданиятининг анъанавий ва замонавий кўринишларини уйғунликда, кенг қамровли тадқиқ этиш зарурати мавжуд. Шу маънода, мазкур бобда Шарқ исломшунос олимлари меросини Аҳмад Заки Валидий томонидан тадқиқ этилишининг ўзига хос хусусиятлари ва унинг Қуръони Карим ва миллий-маънавий тафаккур тараққиёти ҳақида қарашлари ҳамда мутафаккир асарларида миллий ўзликни англаш муаммосини ёритилишига оид илмий-назарий ва амалий қарашлар бугунги кун нуқтаи-назардан таҳлил қилинган.

## 3.1. Шарқ исломшунос олимлари меросини Аҳмад Заки Валидий томонидан тадқиқ этилишининг ўзига хос хусусиятлари

Аҳмад Заки Валидий тоғасидан араб адабиётини Туркистонга қилган илк сафарида Замахшарийнинг араб тилидаги асарини ва Саъдуддин Маъсуд бинни Умар Тафтазоний билан Сайид Шариф Журжонийнинг мунозараларига оид рисолани келтиришади. Валидий учун булардан ҳам қимматлироқ ва қадрлироқ ҳадя бўлмас эди. Рисола Амир Темурнинг ўз замонининг икки буюк олимини Қуръонда «Бақара» сурасининг «Улайка аъла худан мин Раббиҳим» ояти устида мунозара қилдиргани ҳақидаги араб тилида ёзилган асар эди. Бу асарда араб риторикасининг энг нозик масалалари ҳамда фалсафага тўхталган.

Валидий Шаҳобиддин Маржонийнинг илмий фаолиятини ўрганар экан, Маржоний асарларида Ислом динини инсон онгига ахлоқий нуқтаи назардан динни тушунтириш ва қайси ҳолатда фанга нисбат берилишини ва диний ва дунёвий фанларнинг уйғун ҳолатда таълим тарбиядаги аҳамиятини қуйидагича изоҳлади: «Ислом фалсафа ва ҳикматни инкор этмайди. Фанга келсак, уларнинг барчаси хайрлидир», - деган хулосага келади. Шунингдек, Шаҳобиддин Маржоний Мавороуннаҳр аҳолисининг ижтимоий аҳволи ҳақида ўзининг «Аълаам абнаъ-уд-даҳр ё аҳволи Мовароуннаҳр» («Мангу давр ёхуд Мовароуннаҳр аҳолисининг аҳволи тўғрисидаги хабарлардан кўчирма») номли араб тилидаги асарини ёзади. Унинг саккиз жилдлик араб тилида битилган бошқа «Вафият ал-аслоф ва тахият ал-ахлоф» («Аждодларга таъзиянома, авлодларга васиятнома») номли йирик асари мусулмон Шарқининг VI-XIX асрлардаги фани ва маданияти намоёндаларининг ҳаёти тўғрисидаги бой манбашунослик маълумотларидан ва уларнинг асарларидан таркиб топган эди. Шаҳобиддин Маржонийнинг араб тилидаги «Ғурфат-ал-ҳавоқин лиарфот ал ҳавоқин» («Улар ҳаётини билиш учун ҳоқонлар қароргоҳи») номли мақоласини В.Радлов рус тилига таржима қилиб, чоп эттирди. Маржонийнинг «Мустафод ал-ахбор фи аҳволи Қозон ва Булғор» («Қозон ва Булғордаги аҳвол тўғрисидаги маълумотлардан фойдаланиш») номли саккиз жилдли фундаментал асарига бошқа манбалар билан бир қаторда, Олтин Ўрдадаги чингизийлар сулоласи ва Ўрта Осиё тарихига бағишланган яхлит бўлимлар киритилди.

Валидий дунёқарашида «тарихни ўрганишда диний-фалсафий қарашларида нарсанинг моддий ҳаётини ўрганиш, башарият тарихининг ғояси ҳам, башариятнинг моддий ва маънавий ҳаётини ўрганишдир. Ўз ҳаётимизни ва юқоридаги муҳокамада турли туман фикрлар ҳам бор. Бу мунозаранинг долзарблигини зарурият талаб қилади. Шу сабаб тарих фалсафаси юзага келишини исботини «Тарихда усул» номли асарида қуйидагича таснифлайди:

1. Теократик тарих фалсафаси.
2. Материалистик фалсафа.
3. Позитивистик тарих фалсафаси.
4. Идеалистик тарих фалсафаси.
5. Экспрессионистик тарих фалсафаси.
6. Гуманистик тарих фалсафаси.
7. Теократик тарих фалсафаси» [7.29-135-б].

Тарих фалсафасини таснифлаш баробарида Валидий уни ўрганишда энг қулай ва ишончли баъзи ёлғон тарихий маълумотларни тадқиқлари орқали исботлайди.

Валидий Туркистондаги 1913-1914 йилдаги илмий саёҳатлари давомида қўлга киритган қўлёзмани эътибор билан ўрганади. «Берлиндан мактуб» мақоласида» Гўруғли» достонини қўлёзма нусхаси Париж кутубхонасида ва Берлинда сақланаётгани айтилади. Валидий ўз тадқиқотлари асосида шундай хулосага келади: «Ўғузнома» туркий достонларнинг энг қадимийсидир. Шу асарда турли ҳикоятлар ёзилган. Ўзбек илм жамияти албатта достон масалаларига кўп аҳамият беради, деб умид қилиб бу китобларим ҳақида Пўлат Солиевга ёздим», дейди. Шунингдек, мактубда археолог Вяткин қўлида «Шайбонийнома» асарини бир нусхасини кўрганлиги ёзилади. Марказий Осиёда Ислом дини тарихига оид илмий ишлар: «Ўрта асрларда Марказий Осиё аҳолисининг зичлиги» [7.78. 424-433-б] мақоласида эрон ва туркий халқлар алоқалари ўртасидаги қизиқарли маълумотлар тадқиқ этилган.

Валидий: «Г.Ришар «Форс тассаввуфчиси Жалолиддин Румий» мақола тақризида муаллиф ислом динини кенг ва билим доирасини «фундаментал асос» деб кўрсатади. Нашр қилинмаган қўлёзмада Кўктурклар ва Сосонийларнинг XVII асрнинг биринчи ярмидаги қизиқарли муносабатлари эгаллаган, ўша вақтда худди бошқа қўлёзма сингари тарихда форс шоирларининг муносабатлари Давлатшоҳ Самарқандий томонидан ёзилган. Бундан ташқари Фирдавсийнинг «Шоҳнома»си туркийларнинг тарихини ўрганишда яхши манбадир» [7.38-44-б], деб таъкидлайди.

Илмий изланишлари давомида Заки Валидий Лутфийнинг ҳаёти ва фаолияти ҳақида тадқиқот олиб боради. Олим фанга етарли даражада маълум бўлмаган шоир Лутфий ва унинг «Девони»ни XIV-XV аср Туркистон маданияти ҳақида фикрлари беқиёслилигини таҳлил этади. Девон тартибсиз равишда бўлганлиги учун Валидий уни тизимлаштиради. Бу тўғрида «Лутфий ва унинг Девони» [7.14-44-б] номли мақоласида батафсил ёритилган. Валидий кейинчалик Лутфийнинг «Девон»и қўлёзмасини тўлиқ бўлмаган нусхасини Петербургдаги Осиё музей (№666, 574)ида кўради. Бир оздан сўнг «Девон»нинг бир қўлёзмасини Бухоро амирлигига тегишли бўлган нусхасини Осиё кутубхонаси Фанлар академияси учун сотиб олади.

Мақолада Амир Темурнинг ўғли Шоҳруҳ Мирзо ҳақида ҳам алоҳида байтлар ажратилган. Шоҳруҳнинг давлат бошқаруви ислом қонуни, яъни шариат асосида бошқарганлиги келтирилади. Ўз халқига адолатли бўлганлиги ёзилган. Шунингдек, мақолада Мирхонд, Хондамир, Амир Темур, Алишер Навоийлар ҳақида ҳам маълумотлар мавжуд.

Шарқшунос Ж.Фраен 1840 йилдаёқ Ислом ўлкаларида изланиши керак бўлган Ислом маданияти тарихий манбаларини топиб, улар асосида бир асар нашр эттирган.

Бу ҳам олимга йўлланма бўлади. Шу йили Валидий немис тили бўйича муаллими Риклицкийнинг арабчадан немисчага ёхуд форсча ва туркчадан немисчага таржима қилинган асарларни, ҳикояларни қиёслаш билан ўрганиш жуда фойдали бўлишини айтганидан кейин рус тилини ўрганишида ҳам тутган бу усулни давом эттиради. Профессор Катанов ҳам бу усул фойдали бўлишини айтади ва туркийшунос В.В.Радловнинг «Турк қабилаларининг халқ адабиёти (оғзаки ижоди) намуналари»ни ва «Қутадғу билиг» китобини олишини Валидийга тавсия этди. Шу вақтдан Валидий профессор Позднеевнинг «Мўғул халқ оғзаки ижоди намуналари» китобини тадқиқ этади. Бу асар эса, олимни изланишлари фақат туркий эмас, мўғул қавмларини ҳам қамрашига сабаб бўлади. Бу фаолият натижасида «Туркий халқларида тўрт мисрали термалар» мавзусига доир илк илмий асари вужудга келади. Бир йилдан сўнг бу тадқиқотларининг натижаларини «Шўро» [7.28-42-б] газетасида нашр эттиради. Профессор Н.Катанов бу ишидан мамнун бўлади.

Валидий Қозонга келганида профессор Катанов уни Қозон университети Тарих, археология ва этнография жамияти томонидан тарихий ва этнографик тадқиқотлар учун Туркистонга, Фарғона вилоятига юбориш хусусидаги ташаббуси қувватлангани ҳақида хабар беради. Валидийшунос олима Гульнора Хусаинова «А.З.Валидий Тўғон» [7.39.] номли мақоласида Валидийни шарқшунос олим бўлиб етишишида Туркистонга илмий сафари катта аҳамиятга эга бўлганлигини таъкидлайди. Чунки олим Туркистондаги илмий сафари давомида қўлёзма, кутубхоналар билан ишлаб, дин, маданият, маънавият, тарих, этнография, география, тил, адабиёт каби илмларга қизиқиши янада ортганлигини «Алишер Навоий», «Беруний», «Амударё», «Наливкин Фарғона хотинлари тўғрисида» каби мақолалари ва «Таворихи гузида», «Нусратнома», «Тарихи Рашидий» асарлари таҳлили орқали мисол келтиради.

Туркистондаги 1913 йилги илмий сафарида Валидий Тошкентда тасаввуф силсиласида муҳим ўрин тутган Шайх Убайдуллоҳ Аҳрорнинг аждоди бўлган Шайх Хованд Тахурнинг ҳаёти, сийратига оид шу кунгача номаълум бўлган муфассал маноқибни форсча ва туркий шеърларини, ҳикматли сўзларини саҳҳофлардан сотиб олади. 1914 йил мартига қадар давом этган бу саёҳатда Валидий Фарғона, Самарқанд ва Бухоро вилоятларидаги қўлёзма асарларни, хусусий ҳужжатларни, мамлакатнинг иқтисодий, тарихий географияси жиҳатдан жуда муҳим воқеалар акс этган ҳужжатларни, баъзи диний муассасаларнинг даромад рўйхатларида қиймат ўзгаришларини билдирувчи қайдларни, Фарғона ўзбек уруғларига доир этнографик маълумотларни тўплайди. Бу саёҳати «Туркий олимига нисбатан кўрсатилган тақдир нишонаси» сифатида «Турк юрти» журналида юқори баҳоланади. Энг муҳими (XVI асрдан) кейинги замон тарихи билан адабиёт тарихига доир бир қанча номаълум асарларни кашф этади. Валидий март ойида 1913 йил Тошкентдаги илмий сафарида вақтида Туркистон Археология жамияти ташкил этган бир анжуманда саёҳатига доир бир маъруза қилади.

«Туркистон мактублари-VI» [7.89.] мақоласида Заки Валидий давлат арбоби, шоир ва саркарда Заҳриддин Муҳуммад Бобур ва унинг «Бобурнома» асари ҳақида «Иль» (Ватан) газетасининг 3-сонида Мирзо Бобур ҳаёти ва ижодини таҳлил қилиб, умумий туркийлар ва уларнинг жаҳон тарихидаги ўрнини тавсифлайди. Заҳириддин Бобурнинг юришлари, у ва унинг аскарларини довюраклигига алоҳида тўхталиб ўтади. Шунингдек, Валидий мақолада таъкидлашича: «Мирзо Бобур шахсини Юлий Цезарь билан ва асари «Бобурнома»ни «Юлий Цезарнинг эсдаликлари» билан тенглаштирган» [7.42.229-249-б]лигини ёзади. Бобурни давлат бошқаруви тўғрисида ёзар экан, Бобурнинг давлат бошқарувидаги бағрикенгликни шарҳлаб: «Бобур ва унинг авлодлари Ҳумоюн, Акбаршоҳ, Оламгир ва бошқа шоҳларнинг адолатпарварлиги ва ўзининг Ҳиндистондаги ҳамма халқлар диний конфессияларига адолатли қараши орқали Ҳиндистон халқи қалбида абадий қолган» [4.1-147-б], деб, мақолада Бобурийларни раҳмдил ва адолатли шоҳлар тимсолида тасвирлаган.

Олимнинг манбашунослигидаги тадқиқотлари асосида ёзилган «Бугунги Турк эли (Туркистон) ва яқин мозийси» [7.27.] номли жаҳон туркийлар тарихида методологик фундаментал жиҳатдан қимматли асар бўлиб, 696 саҳифадан иборат. Бу асар 1947 ва 1981 йилларда нашр қилинган. Валидийнинг Туркистондаги дин, фалсафа, тарих, сиёсат, ижтимоий соҳалар ҳақида қарашлари кенг ёритилгандир. «Бугунги Турк эли (Туркистон) ва яқин мозийси» асарини ўқиган Ғарб шарқшунослари Дэниссон Росс (Лондон), профессор Г.Янски (Вена), П.Виттек (Брюссель)лар юқори баҳо беришади. Китоб билан танишган бир неча олимлар қуйидагича фикрларини билдиришади. Тошкентлик муфтий Садриддинхон «Ёш авлодга қоронғу тунда йўл кўрсатувчи ёрқин юлдуз» [4.1-172-б], Профессор Герберт Янски эса, ёзган китобга тақризида: «Бу китоб маданият ривожида асосий манба» [7.90-488-б], дея таърифлайди.

Валидий «Қадимги турк ва мўғул хариталари ҳамда харитачилик масалаларига доир қайдлар» мақоласида Маҳмуд Қошғарийнинг «Девони луғоти турк» асарида тузган харитаси тўғрисида ёзади: Маҳмуд Қошғарийнинг харитасида ҳам асаридаги каби ҳинд, хитой ва будда маданиятларининг изи сезилиб туради. Сирдарёнинг қуйи оқимидаги ҳайкалларга, буддавийлик, ва христианлик дини туркийлар яшовчи ҳудудга кенг тарқалганлигини Яссавийнинг «Девони ҳикмат» [7.42.229-249-б]ида маданият қолдиқларини ҳозирги кунгача баъзи кўринишлари қадрият сифатида бизгача ижобий ёки салбий кўринишда сақланиб қолган. Шунингдек, Валидий Zentralasiatische Türkische Literaturen. II: Die islamische Zeit // Hadbuch der Orientalistik. Leiden-Koln. 1963. Abteilung 1. Bd. 5. Abschnitt 1. S.229-249. Мақоласида Маҳмуд Қошғарий ҳам туркий тилнинг грамматикасига доир муҳим асар яратганлиги, лекин у бизгача етиб келмаганлигини мақолада айтиб ўтган.

Валидийнинг Бухородаги илмий сафарида, ўтмишда Туркистоннинг (Ўзбекистон) фалсафаси, дини, маданияти, маънавиятидан дарак берувчи: «Сариосий Исхоқбекнинг «Куллиёт» асари қадимий туркий тасаввуф олимларининг ҳаёти ва фаолиятидан дарак берувчи асардир» [4.1-107-б] дейди. Шунингдек, Аҳмад Яссавийнинг «Ҳикматлар»ини қўлёзмасини шарҳлайди.

Заки Валидий Бекпўлат Соли ўғли (Пўлат Солиев) билан ёзишган «Берлиндан мактуб» номли ёзишмасида «Инқилоб» журналида Бухородаги афсоналар ҳақида ёзган мақоласини ўқиб фикрини билдириб, Берлиндалигида хат ёзади. Валидийнинг хатида: «Мен 1922 йили Ашхобод шаҳридан «Инқилоб» журналига чиқариш учун «Девон луғоти турк» [7.18.77-78-б] ҳақида бир мақола юборган эдим. Яна «Девон луғоти турк»даги этнография ва тарихий маълумотлар ҳақида бир неча мақолалар юборишни ваъда берган эдим. Юборган мақолам чиққанлигини билмадим. Ушбу мактубни сизга ёзишдан мақсадим шудир. Ўн беш ойдан бери Европадаман. Париж ва Берлин илм хазиналарида исломий асарлар кўп кутубхоналарда ишлаб имкон қадар асарлар ёздим. Рус тилида мақоламни Россия академияси нашр этди. Машҳур Ибн Фадланнинг асарини Машҳадда Ибн ал-Фақиҳнинг асарининг асл нусхасини топган эдим» [7.16.149-151-б], деб ёзади.

Валидийшунос олим Амир Юлдашбаев бу хусусда: «Бу мақола академик В.В.Бартольд уни нашрдан чиқарилганлигини кейинроқ у журналдан Берлинга 50 та нусхаси юборганлиги ва биринчисини Бартольднинг ўзи олганлигини ёзади. Қолганлари таниқли шарқшунос олимлар Тошкентга П.П.Шмидт, С.Семенов, А.Андреев, А.Диваев, И.И.Умняков, Н.П.Остроумовларга жўнатилган» [7.91.] дея ўз мақоласида ёзади. Шунингдек, асарда Хоразм араблар томонидан 712 йилда забт этилиши ва Кат шаҳрини олиниши билан атроф вилоятлари ҳам таслим бўлиши ёритилган бўлиб, Амударёни X асрнинг бошларида Каспий денгизига куйилганлиги ҳақида ҳам маълумотлар учрайди. Алишер Навоийнинг «Мажолис ун-нафоис» асарини Машҳад нусхаси Қобул нусхасидан фарқи борлигини Валидий айтади. Мақолада уларни Европа шарқшунослари усулида таҳлил этиб, баъзи ривоят ихтилофларини кўрсатиб ёзади. Валидий Бошкирдистондаги ўз даврининг мадрасаларида ўқитилиш тизимини асосан Ислом эътиқоди асосида ўқувчиларга ўқитилганлигини таъкидлайди. Валидийнинг айтишича: «Фалсафий қарашлари ҳақида уларнинг фикрлари ортодоксал қарашда бўлиб, тасаввуф сўфийлари аниқроғи сўфий бўлганлар. Дарс ўқитилишида асосий манбалари Ҳусайн Воиз Кошифийнинг «Рашахот айн ал-ҳаёт» асари эди» [7.53-167-б], дейди.

Кейинчалик Валидийнинг ёзишича: «Бу достонларни яхши биладиган Добружа нўғайларидан бирини 1925 йил Кўстанжада (Константа, Руминияда) кўрдим. Бироқ қорақалпоқ Нуриддин Оқин қипчоқ муҳитидаги достоннависларнинг энг каттаси ва кучлиси бўлган. У «Темур ва Эдигей» достонини бошқа ҳеч бир бахшида нақл қилинмаган Хоразмга оид қисмларини ҳаяжон билан тилга оларди.

Шохруҳнинг Хоразм ҳокими Амир Шоҳмалик Билживут билан ўғли Нуриддиндан мағлуб бўлгандан сўнг, Эдигей собиқ дўстим деб Шоҳмалик ҳузурига ҳол сўраб келганида улар орасида бўлиб ўтган суҳбатини нақл қилади. Эдегей унга «Анда дўстим Шоҳмалик» деб хитоб қилади ва шеърий жавобида Шоҳмалик Темур даврини икки даврнинг ҳаётини олтин давр сифатида кўрсатади, ўзини: «Мен буюк эгам (яъни хожам) Темур учун муз устида олов ёқиб, бутун бошли қўчқорни пишириб, тақдим қилган кишиман, мен Амир Темурга жигар, кўзларининг гавҳар тоши эдим, бироқ Эдигей оғам, сен буюк зотсан, кичик Бешқалъа (Хоразм) қитъасига сиғмайсан, энг яхшиси ўғлингни топиб яраш, у сенинг қучоғингга сиғади». Қўнғирот билан Чимбой орасидаги ерда ва Нукус йўлида аввалдан ўрнашиб қолган бошқирд уруғлари бўлган. Улар бошқирд ёки иштек деб аталган. Уруғлари манқавай, қайипназар, қора теренчи ва қалмуртойли бўлган. Қорақалпоқлар ҳам бошқирдлар сингари тубаларга, яъни ҳудудий бўлинмаларга ажралади. Халқ йиғинлари бошқирдлардаги каби «жийин» деб аталган» [7.28-299-б], бу уруғ номлари билан аталувчи жойлар ва уруғлар ҳозирда ҳам Қорақалпоғистоннинг Тўрткўл туманида бор.

Заки Валиди «Эфталит давлатини ташкил қилувчи қабилалар» Томашек ва К.Мюллер томонидан аниқланган исломий тарихий манбалардаги «Хайатайл» ва «Хайтал» каби ёзма номлар «Хабатила» ва «Хавтал»лиги аниқдир [7.92.] дейди ва улар яшаган юрт ва жамиятни ташкил қилувчи иккита асосий қабилаларни Абдулла Муҳаммад Ал-Хоразмий (Мафатих ал-улум) ва Исмоил ал-Тавхарий ал-Форобий «Саҳиҳ» асарларида келтирилган номлар Туркиянинг Ғарбий кутубхоналардаги қўлёзма нусхасининг тўпламидан чиққанлигини Валидий аниқлайди.

Заки Валидий «Хотиралари»да ёзишича: «Девони Махфий» номли тошбосма асар бўлган. Асар Афғонистоннинг Бухородаги элчи дўсти бўлган Абдурасулхон томонидан Валидийга совға қилинган. Асар малика Зебуннисонинг девони эди. Зебуннисо Ҳиндистонда ҳукмронлик қилган темурийлар авлодининг таниқли намояндасидир. Валидий Зебуннисонинг ижоди хусусида: «Унинг илм, адабиёт, диний масалаларга доир фикрлари, ҳаётий, ишқий ва сиёсий воқеалардаги иштироки улкан романлар ва кинофильмлар яратишга асос бўладиган даражададир» [7.28-253-б], дея таърифлайди. Бобурнинг эвараси Аврангзебнинг (1658-1707 й.) қизи бўлмиш Зебуннисо етти ёшида Қуръонни ёдлаган. Отаси унга 1640 йилда Мейобий исмли бир ўқимишли ўзбек аёлини муаллима қилиб тайинлайди. Аёл унга форс, араб тиллари, астрономия ва ҳисобдан сабоқ берган. Зебуннисо 14 ёшида Қуръон Каримга ўзи тушунганича тафсир ёза бошлаган.

Зебуннисобегим Акбар Мирзо таъсири остида бўлиб, турли динлар ўртасидаги зиддиятларни юмшатишга ҳаракат қилган, Ислом ва ҳинд динларини яқинлаштириш ғояларини илгари суради. Шу йўлдан борилса, Ҳиндларнинг исломиятни тез қабул этишларига ишонган, бу фикрлари билан амакиси (отасининг укаси) шоҳ Доро-Шукуҳга маслакдош бўлган. «Қуръондан муқаддима», «Кутубу муқаддима», Ҳинд файласуфи Брахмапутра, Муҳийиддин ибн Арабий, Жалолиддин Румий асарлари мутолаасидан завқ олган. Тошбосмада босилган бу девонга унинг фақат форс тилида ёзган шеърлари кирган эди. Аммо Зебуннисо туркийда ҳамда араб тилида ҳам шеърлар ёзган. Носир Али исмли бир шоир билан шеърий айтишувда мусобақа қилган. Зебуннисонинг шеърларини Абдурасулхон ёдга олган. Шоиранинг баъзи шеърлари амакиси Доро-Шукуҳнинг девонига ҳам кирган. Доро-Шукуҳ сингари у рассомликда ҳам моҳир бўлган, баъзи шахсий хазиналарда Зебуннисо чизган расмлар ҳам сақланган экан. Қуръон Карим ўқиб ўтирган вақтида ишлаган бир расми сақланиб қолган. Отаси унинг шарафига Деҳлидаги саройи олдида, «Арши товус» номли жойда сарой қурдириб, уни қизи ижод қилган нафис асарлар билан безатган.

Бобоси император Шоҳжаҳон уни Доро Шукуҳнинг ўғли Сулаймон Шукуҳга никоҳламоқни дилига тугади. Лекин Зебуннисонинг жуда мутаассиб отаси Аврангзеб Доро-Шукуҳни ва унинг ўғлини ёқтирмасди.

Сафавий ҳукмдори Иккинчи шоҳ Аббоснинг ўғли Мирзо Фаррух Зебуннисонинг шеърлари ва расмларини кўргач, унга ишқи тушиб қолади. Уйланиш ниятида Деҳлига келади. Зебуннисо билан унинг ўртасида шеърий айтишувлар, сўзлашувлар бўлади. Лекин ўз маънавий камолотининг юқорилигини англаган Зебуннисо унга турмушга чиқишга розилик бермайди. Зебуннисо Лаҳорда яшайди ва 1689 йил 50 ёшида касалликдан вафот этади. Зебуннисонинг шеърлари диний жамоаларда, сўфийлар йиғилишларида кўп ўқилади, сўфийлар унинг шеърларидан қаттиқ таъсирланганлар.

Валидий ёзадики: «Зебуннисо Ҳазрати пайғамбар (с.а.в.)ни жуда ҳурмат қилган ва Каъбани зиёрат этиш унинг муқаддас бир орзуси бўлган. Лекин маликалиги туфайли орзуси рўёбга чиқмай қолади. Унинг Ҳазрати пайғамбар (с.а.в.)га бағишлаб ёзган каломлари ғоят гўзал эди. Дўстим Абдулқодир кемада уйқуда, мен эса Зебуннисо асарларини ўқий-ўқий завқланиб борардим» [7.28-253-б] деб «Хотиралар»ида эслайди.

Валидий қўлёзма манбаларга ўзгача бир эҳтиёткорлик билан қарар эди. 1923 йил Машҳад кутубхонасида, кутубхоначи бир қўлёзмани сотиб олишни таклиф қилганида Валидий унга айтади: «Мен шундай қиламанки, бу қўлёзма мана шу ерда бутун дунёга машҳур бўлади» [7.30-56-б]. У кутубхонадан китобни сотиб олмайди аксинча кутубхоналарда йиғилишини хоҳлайди.

Заки Валидий Туркистон миллий озодлиги учун бўлган истиқлол жангларида қўлида қурол, қалбида илмга бўлган муҳаббат билан қўлёзмалар йиғишга ҳам ҳаракат қилди. Бу унинг бутун борлиғи билан илмга бўлган муҳаббати эди.

Хулоса, Заки Валидий Туркистонга қилган илк сафарида Замахшарийнинг араб тилидаги девонини ва Саъдиддин Тафтазоний билан Сайид Шариф Журжонийнинг мунозараларига оид рисолани шарҳини беради. Шарқ олимлари меросини тадқиқида Маҳмуд Қошғарий, Аҳмад Яссавий асарлари шарҳини келтиради. Шунингдек, Шаҳобиддин Маржонийнинг илмий фаолиятини ўрганар экан, Маржоний асарларида Ислом динини инсон онгига ахлоқий нуқтаи назардан динни тушунтириш ва қайси ҳолатда фанга нисбат берилишини ва диний ва дунёвий фанларда таълим тарбия билан уйғунлигини изоҳлайди.

## 3.2. Аҳмад Заки Валидий Қуръони Карим ва миллий-маънавий тафаккур тараққиёти ҳақида

Ҳозирги давр илм-фан натижалари билан Қуръони Карим оятларининг уйғунлиги, чиндан ҳам ҳайратланарли ҳолдир. Негаки, бундан XIV аср муқаддам инсон тафаккури бугунги хулосаларни бериш имкониятидан узоқ эди. Бизнинг давримизга келиб кашф этилган қонуниятларнинг баъзи жиҳатларига ўхшаш фикрлар муқаддас китобда қайд этилгани кишини ҳайратлантиради. Бу ҳол ҳозирги замон олимларининг диққат эътиборини ўзига тортмоқда. Ғарб ва Шарқ олимларининг бу масаладаги тадқиқотлари фикримизнинг далилидир. Қуръони Каримнинг халқимиз маънавий-руҳий камолатидаги буюк аҳамиятини илмий тадқиқ этишни Аҳмад Заки Валидий ёшлик чоғидан бошлаган, унинг Туркистонда амалга оширилган илмий саёҳати вақтида Қуръон Каримнинг X асрга оид қадимги туркийча тавсифини илк бор исломшунослик илмий муҳитига маълум қилиш бахтига муяссар бўлади. Шуни алоҳида таъкидлаш лозимки, Валидий 1968 йилги Равалпинди шаҳридаги анжуманда маъруза билан бирга муҳим амалий таклифлар ҳам киритади. Хусусан, исломий давлатларда Қуръони Каримни замонавий илмий асосларга таянган ҳолда йиғилиш ўтказилиб турадиган илмий муассасалар ташкил қилиш лозимлиги ҳақидаги илғор фикрларни таклиф қилди.

Заки Валидий Манчестер университетига бўлганида у ердаги кутубхона билан танишади. 1967 йил 27 июньдаги нутқида: «Сизнинг университетингизга келишим жараёни Ғарбда Шарқнинг тарихини ўрганиш эди. Шундан билдимки, Жон Ройландс ва рафиқаси каби Шарқ саънати билан шуғулланувчи иқтидорларга шаҳрингиз бой экан. Шарқий туркча муқаддас Қуръон Каримнинг таржимасини ўқиб, менда сизнинг кутубхона ва университетингизга нисбатан чуқур қизиқиш ортди. Айниқса, бу қўлёзма қадимий туркий тилдан гувоҳлик беради. Мен бу қўлёзмани ўн тўрт томлик фотонусхасини олдим. Нусха яхши сақланган бўлиб, биз олдимизга Қорахонийлар даври XI-XII асрлардаги Қошғар шевасида Шарқий Туркистондаги ва Қуръон Каримнинг туркий ва форсий тиллардаги тафсирини ўқиб, уни ўрганишни мақсад қилдик» [7.44-186-б], дейди ва бу бўйича кейинчалик мақола нашр этади. Мақолада Заки Валидий бу тўғридаги илмий тадқиқоти хусусида: «Биринчи тафсир худди форс тилидаги асл нусхаси каби Қуръон Карим матнига тўлдирилган тушунтиришларни ўз ичига олади ва бунга форс тилидаги матни қўшимча қилинган бўлиб, XIV асрнинг Хоразм туркийча тафсирининг уйғунликдаги таҳрири мавжуддир. Бироқ, бу таржима Мансур ибн Нух Сомонийлар даврида туркийдаги таҳрири бўлиб, комиссия томонидан тасдиқланган (Табарийнинг «Тафсири»). Албатта бу туркий таржима шарқий туркийда сўзлашувчи ўғузлар билан қўшничиликда яшаган ва бу тиллар аргу шеваси билан аралашиб кетган Талас водийси ёки қуйи Сирдарё ўлкасида ёзилган. Сирдарё бўйларидаги қарлуқлар (Ибн Ҳавкал фикрича) ва шошлик туркийлар (Жамол ал Қарши билан Абд ал-Ғофир ал-Қошғарий фикрича) туркийлар орасида биринчи мусулмон бўлганлар. Қуръоннинг баъзи бир қисмларининг сўзма-сўз таржимаси Хоразмда Замахшарий шогирди бўлган Муҳаммад ибн Бойкура ал-Баққол томонидан (1167 йил вафот этган) тайёрланган.

«Қуръон» сўзининг араб тилидаги маъноси «ўқиш»дир. Роғиб ал-Исфаҳонийнинг ёзишича: «Баъзи олимлар шундай деганлар: Бу китобнинг Қуръон Карим деб номланиши унинг Аллоҳ юборган китобларнинг моҳиятини ўзида жамлагани учунгина эмас, балки Ҳақ субҳанаҳунинг «Ҳар бир нарсанинг батафсил баёни», «Ҳар бир нарсани баён қилдик» деб кўрсатганидек, барча илмларнинг мазмун-моҳиятини ўзида қамраб олгани учундир» [7.93.]. Шундай қилиб, тан олишимиз мумкинки, Қуръони Карим ўзининг номланиши билан, ундаги биринчи нозил қилинган оят ила ҳамда энг аввалги қасам билан инсонни билиш, яъни ўқиш, ёзиш орқали илм олиш сари элтадиган энг тўғри ва ҳақ йўлга йўллайди. Фикримизнинг ёрқин далили сифатида Қуръони Карим қиссаларида ифодаланган билимлар асосларини кўрсатиб ўтиш мумкин. Бизга маълумки, аслида Қуръони Карим ва илм маънода эгизакдир. Қуръон илм нури ила нурафшон. Қуръони Карим турли услублар билан илмни тарғиб қилишни ўринлатгач, бизга Одам ато қиссасини баён [4.17.], этилганлигини қайд этади.

Фин қуръоншунос олимлари Зийнатуллоҳ Аҳсан ва Имомиддин Финляндиядан Берлинга келганларида танишади. Финляндия мусулмонлари бой савдогар бўлганликлари учун Россия мусулмонлари ўртасидаги миллий ҳаракатларга ҳам моддий ёрдам бериб турганлар. Валидий улар билан 1917 йил октябр инқилобининг бошларида учрашган ва улар орасида зиёли инсонлар борлигини таъкидлайди. Тижорат билан шуғулланаётганида миллий маданият масалалари билан ҳам яқиндан қизиқади. У ерда Қуръони Карим маданиятига оид нашр ишларини қилганлар. Кейинчалик булардан Аёз Исҳоқий ва Валидий каби Россияда Ислом маданиятини ривожлантириш борасида тадқиқотлар олиб борган кишилар Берлинда учрашадилар. Булардан Зийнатуллоҳ Аҳсан Қуръони Каримни фин тилига таржима қилиш ҳамда ислом дини билан шуғулланган баъзи Ғарб олимлари томонидан нашр этилган мақолаларни ҳам фин тилига таржима қилиш, финляндияликлар орасида Ислом маданиятини ёйиш йўлида ишлаш ниятида эдилар. Қуръони Каримни финляндиялик лицей ўқитувчиси бўлган Жорж Пименов фин тилига қисман таржима қилдирган.

Заки Валидий диний-фалсафий қарашларида: «Ҳадисларда айтилишича, ҳатто модданинг мағзидан баҳс қилиб, ёзувда ифода этамиз. Ёзиш бу тарихдир. Биз ҳадисларни, тарих илмини, масаладаги моҳиятни, ипак матосини, буғдой, тутун, ёғочли айвон, олма, ёғоч, тош, мармар тарихини дарсларда баҳс эта оламиз» [7.28-2-б], бу билан уйғунлик намоён бўлади.

«Қуръони Каримни фин тилига таржимаси хусусида, Финляндияда 28-29 март куни татар савдогари Зийнатуллоҳ Аҳсан олдига Қуръони Каримни фин тилига таржима қилмоқчи бўлган профессор Пименов келади. Унинг

Валидийга ёзган мактубларидан тушунишимизча, баъзи мисрлик олимлар билан алоқа қилиб турган Зийнатуллоҳнинг фикрини маъкуллаб Берлинга келиб, исломни яхши тушунган олимлар билан мулоқот қилмоқчи бўлади. Валидий исломшунос олимлар польшалик Ёкуб Сенкевич, эронлик олим Тақизода, ҳиндистонлик олим, профессор Садриддин билан учрашишни истайди. Профессор Пименов шу пайтда Берлинда бўлганида Қуръони Каримнинг турли жойларини англамаслиги ва тушунмасдан туриб таржима қилишдан эҳтиёт бўлишдан иборат эди. Валидийга 57 та саволлар берилган уларнинг аксарияти олим ўрганмаган мавзуларга оид эди.

«Ислом теологиясини биламан, аммо Қуръони Каримнинг тафсирларини яхши билмайман», дейди. Валидий эса, Пименовга «Мен фақат Қуръони Карим оятларининг қачон нозил бўлганлиги сабабларини ва ҳадисларни биламан, Қуръони Каримни араб тилини билган киши сифатида озми-кўпми тушунаман», дейди. Профессор Пименовнинг мақсади «Қуръони Каримни фин тилидаги таржимаси билан шуғулланиш, Муҳаммад (с.а.в) ва Қуръон ҳақида китоб ёзиш эди» - дейди. У жавобан: «Мен европаликларнинг, шу жумладан Теодор Нёльдеке асарларини ўқидим. Мен улардан ўрганишга муҳтож эмасман. Фақат мен учун мусулмон олимларининг фикрларини ўрганиш муҳимдир», дейди.

Заки Валидийга берилган саволларнинг баъзиларини келтириб ўтамиз:

Савол: Қуръони Каримда баъзи тарихий воқеалар тўғри акс этган, баъзилари ноаниқдир. Бунинг сабаби нима? Искандар эски Эллин илоҳларига ишонган бир бутпараст бўлгани билан негадир Қуръонда Аллоҳ таолонинг амри билан сад (девор) қурган бир муваҳҳид каби тасвирланган, бу ҳикояни Қуръон Каримга киритишдан мақсад нима?

Жавоб: Бу 15 йил аввал оилам даврасида муҳокама этилган масаладир. Мен бу хил оятларнинг изоҳида эски муътазила йўлини татбиқ этаяпман. Арабларнинг исломдан аввалги ва пайғамбар (с.а.в.) замонидаги ҳолатни изоҳлаб, услубини ва араб фарқларини қўллаш керак бўлади. Масалан: Шамс сурасида изоҳланган асл мавзу 7-10-оятларда айтиб ўтилган мазкур жумлалардир: (Жонга ва уни расо қилиб яратиб, унга фусқу-фужурини ҳам, тақвосини ҳам илҳом қилиб, ўргатиб қўйган зотга қасамки; дарҳақиқат уни (жонини иймон ва тақво билан) поклаган киши нажот топади.

Самуд қавми ҳаддидан ошганлиги сабабли, улар ўзларига юборилган Пайғамбар Солиҳ алайҳиссаломни ёлғончи қилишлари Пайғамбарнинг туясини сўйиб юборганликлари оқибатида барчалари ҳалок бўлишини англатган ҳикоя баён этилади.

Бу оятлар ҳам нозил бўлган қавмларга буюк ҳақиқатлар, уларни билган ҳикоят ва достонлардан мисоллар келтириб тушунтирган.

Савол: Пайғамбар (с.а.в)нинг меърожга кўтарилишлари жисмоний эканлигига ишонасизми?

Жавоб: Россия подшоси Александр II Усмонийларнинг армияси қўмондони Усмон пошшодан «Муҳаммад самога (еттинчи осмонга) қандай чиқди?» деб сўраганида: У «Сизнинг Исо Пайғамбарингиз чиққан зинапоядан кўтарилди», дея жавоб берган экан. Қуръонда эса меърожни бу бир «туш» деб келтирилади. Пайғамбаримизнинг завжалари Ойша ўша кеча тунни Расулуллоҳ (с.а.в.) оила даврасида ўтказганини айтдилар. Ҳақиқатдан ҳам пайғамбар коинотни устидаги еттинчи қават осмонни бу меърож кечасида «тунги сайри»да кўрган. Бу ўринда Валидий ноҳақ. Чунки ҳозирги барча уламоларнинг иттифоқича меърож ҳақ, Пайғамбаримиз (с.а.в.) жисмлари билан сайр қилганлар.

Меърож инсоннинг ақли етмайдиган илоҳий мўъжизадир. Бу ҳолат будданинг ҳаётида ҳам мушоҳада этилмоқда.

Савол: «Қуръони Каримнинг бир қанча жойларида (Рад сураси, 2 оят; Луқмон сураси, 10 оят; Ғофир сураси, 64 оят) Ер курраси думалоқ, ясси, само эса устунларсиз, етти қаватли бир бино, томли жойларида тушунчага кўра, космос ўртасида, бошқа бир жойларида эса (Ёсин сураси, 40 оят; Ал Исро, 13 оят; Анбиё сураси, 33 оят) кеча ва кундуздан алмашуви ва Қуёш, Ой ва юлдузларнинг барчалари фалакда сузиб юрур. Қиёмат-қойим бўлгунича Қуёш Ойга етолмас ва кеча-кундузнинг ўрнини эгаллаб ололмас, дейилади. Коинотнинг бу икки турдаги тавсифида гелиоцентризм ва геоцентризм қарашларнинг инъикоси борми ва бу қарама-қаршилик нима учун келган?

Жавоб: Менимча, бу қарама-қаршиликдан баҳс этиб сиз ҳам муҳим нуқтани босиб ўтгансиз. Ёсин суранинг 40-оятида, Аҳзоб суранинг 21-оятида ҳақиқатдан ҳам қуёш, ой, юлдузларнинг алоҳида фазода сузиб юришлари баҳс-мунозара мавзудир. Чунки кеча ва кундуз дейиш билан юлдузлардан баҳс этилган. Шоядки, бунда фақат Қуёш билан Ойнинг фалакларда сузиб юришлари баҳс мавзуси бўлсайди, ҳаммаси бир йўла деб эмас, ҳар иккиси икки орбитада деб айтиларди. «Ваҳий», яъни Пайғамбарга Аллоҳ таолодан келган сўз. Бошқа оятлардаги сўзлар араб муҳитига уларни тушунадиган даражада қилинадиган ифодалардан иборатдир. Пайғамбар ҳам инсон эканлиги, ижтимоий ҳаётини ва коинотни доимий равишда ифода этган ва бундан илҳом олган бир истисномани яратиш деб билган сўфийларда ҳам бундай фикрлар туғилади.

Валидий 1937 йил Германиянинг Бонн университетида «Ислом илмларининг фахрли профессори» бўлганида олим Зийнатуллоҳни Стаммерфорсга чақиради. Валидий профессор Пименов билан бу ерда бир неча марта учрашади. У исломни яхши ўзлаштирган ва Пайғамбаримиз (с.а.в.)ни яхши кўрганлардан бўлган.

Валидийнинг ёзишича: «Фин тилини билган олимларнинг айтишларича, Қуръон Каримнинг бу таржимаси Европа тилларига қилинган Қуръони Каримнинг энг яхши таржималаридан биридир. Профессор Пименовнинг Қуръони Карим таржимаси кейинчалик Зийнатуллоҳ Аҳсан томонидан нашр этилган» [7.28-501-б].

Олим «Туркияда Европа илмий билиш усулларига мурожаат қилиниши биринчи урунишлари Фильд Мариал Сулейманос томонидан қилинган. Ғарб илми методлари асосан диний ва теологик таълимотларда Ҳиндистон ва

Мисрда ишлатилиб, ижобий натижа беради. Шарқшунос Игнац Гольдциер Қуръон Каримни ўрганиш ва таҳлил қилиш учун бу илмий усулдан фойдаланган. Бу усул немис тилида нашр этилган ва «Cuilture and Agenwart» деб номланган. Икки юз миллион мусулмонлар тарихий танқид орқали ислом теологиясини ўрганишса, шундагина улар маданиятлашган миллатлар ичида юқори ўрин эгаллашади ва уларнинг маънавий ҳаёти юксак даражага кўтарилади. Исломни шу усул билан ўрганган исломшунослар учун суннийлар ва шиалар ўртасида фарқ қолмайди», [7.8.249-271-б] деган хулосага келади.

Заки Валидий 18-26 ёшлар орасидаги ҳаёти катта машаққатлар таҳсили, муаллимлик, илмий изланишларда Бошқирдистон, Қозон, Фарғона ва Санкт-Петербург, Самарқанд, Қарши, Бухоро, Туркманистон, Эрон, Афғонистондаги саёҳатлар билан кенг бир муҳитда кечади.

Шу даврда Ислом дини ва маданияти асослари бўлган Қуръон Карим ва фиқҳни рус тилидаги таржималаридан ўрганиш ва уларни яхши биладиган киши билан араб тилидаги асли билан қиёслаш аниқ маълумотни қўлга кирита боради. Бу борада Бошқирдистонда Абдурашид афандининг Қуръони Карим тафсири ҳамда Имом Содиқ Имонқулининг тафсири энг мукаммаллардан эканлигини билади.

Валидий Қуръони Каримни рус тилидаги Саблуков таржимасидан, «Ҳидоя»нинг ибодатга оид бўлмаган қисмларини эса Тошкентда чоп этилган русча таржимасидан ўқиб, уларни Имом афанди билан бирга араб тилидагиси билан таққослашади. Уч ой давом этган бу қиёсий ўрганиш натижасида, бир томондан, Бухорода таҳсил кўрган Имом афандининг билими унчалик даражада чуқур эмаслигини, бошқа томондан, динимизни араб тилидаги асл манбалардан чуқур ўрганиш, бу кўп вақти талаб этишини ва бу учун бундай имконият йўқлигини, бу иш билан шуғулланадиган бўлса, рус тилида муаллимлик ва лицей имтиҳонларига тайёргарликни ташлашига тўғри келишини англайди.

Шунингдек, Ислом тарихи, маданияти, тарихий жўғрофияси ва турли даврлардаги иқтисодий вазиятини яхши билгани сабабли 1935-1939 йилларда Германияда Бонн ва Гёттинген университетида «Ислом илмлари профессори» ва Истанбул университетида ўз ташаббуси билан ташкил этилган «Ислом тадқиқотлари институти»нинг мудири бўлади. Асл ихтисослиги «Туркийлар тарихи» бўлгани ва илмий ишларини унга бағишлашни истагани учун Истанбулда Ислом институти мудирлигини 1953 йилда олти ой учунгина қабул қилади ва кейинчалик бу лавозимга муносиб мудир ва профессор чиқмаганлигини афсус билан эслайди [7.28-55-б]. Бунга тафсир қила оладиган етук мутахассис йўқлиги сабаб бўлади.

Заки Валидий исломий илмлар олиш билан диний ривоятларга ўз фикрини билдириб таҳлил қилади. Қуръон Каримдаги шохли жаҳонгир Зулқарнайн ҳикояси келтирилади. Ҳолбуки, Македония қироли Филиппнинг ўғли Александр билан достонларда нақл қилинган ривоят қаҳрамони Қуръони Каримда келтирилган шохли Зулқарнайн бошқа-бошқа бир шахс эканлигини ҳам таъкидлайди.

Шахсан Қуръон бир қанча зарбулмасалларни нақл этганини «Бақара» сурасида ҳамда яна йигирма тўрт жойда тилга олади. Албатта, пайғамбарнинг ўз замонаси ва ўзидан бир аср аввал Яманлик хабаш бўлган ҳокими Абрахага берган маълумотлари, ҳатто Исо пайғамбар ҳақида «Уни яхудийлар на ўлдирдилар ва на осдилар, фақатгина уларга шундай кўринди» деган сўзлари зарбулмасал эмас, тарихдир дейди. Қуръони Каримни Аллоҳ ҳарфлари ва сўзлари билан нозил этдими ёки фақатгина маъносиними?, деган мавзуда олимлар турли фикрларни билдиришган. Шу жумладан, муътазилийлар «Аллоҳ фақатгина унинг маъносини нозил этди», деган хулосага келадилар.

Ҳақиқатда эса, фақатгина ҳарф ва сўзлар эмас, Қуръон Каримдаги пайғамбарлар қиссаси ва зарбулмасаллар ҳам Пайғамбар (с.а.в) арабларга муайян маъноларни англатиш учун қўлланилган ифода тарзларидан иборат. Яъни маънолар араблар ишонадиган қисса, достон ва масаллар орқали ифодаланган. Қуръон Каримдаги қиссаларнинг қайси бирининг ифода услубини ташкил этган араб зарбулмасаллари, қайсиларини ҳақиқий тарихий ҳодисалар тавсифи экани илмий жиҳатдан аниқлангач, қадимги Исроил ривоятларининг Аҳди Отиқ ва Жадиддаги шаклларини ҳақиқат деб қабул этган насроний миссионерларининг иснодлари бўш экани ўз-ўзидан англашилади» [7.28-47-б], Қуръон Каримнинг қиссалари ҳақида ёзган тахлилий фикр билдирган вақтида Заки Валидий эндигина 20 ёшга тўлган эди.

Валидий 1914 йил май ойида Туркистондаги илмий сафари чоғида Қарши бозорида бир атторнинг дори ўрайдиган қоғозлари орасида эски туркийда ёзилган бир неча саҳифаларни кўради: «Буларнинг қолганлари қани?» [7.48-105-б], дейди. Аттор бу варақларни бир китобдан йиртиб олганлигини айтади. Валидий бу тўғрида тадқиқотида Қуръоннинг «Субъ»и («Ҳафтияк»), яъни «Еттидан бири»нинг туркий таржимаси эканлигини таъкидлайди. Буни 20 сўмга Бухоро пулига сотиб олади. Китоб Ислом даврида туркий тилда ёзилган кухна нусхаси ва X асрга оид эканлиги маълум бўлади. Шарқшуносларда В.Бартольд ва К.Залеман бу ҳақда ёзиб қолдирганлар. Худди шу нусхалар XIV асрда Эронда Илҳонийлар ва Олтин Ўрдада Жўжи ўғиллари даврида ёзилган нусхалари Истанбулда кашф этилади. Кейин Валидий бу қадимий Қуръон таржималари ҳақида инглиз тилида бир асар нашр эттиради. Бухоро хонлигидан олинган бу асарни ҳокимнинг муовини А.А.Семенов катта пулга сотиб олишини айтади. Унга буни Россия Фанлар академияси учун олганлигини ва академияга топширмоқчилигини айтади. А.А.Семенов Валидийни мактаб, В.Бартольдга хат ёзганини кейинчалик билади [6.10-10-б]. Заки Валидий Тўғоннинг «Қуръон ва турклар» [7.94.] тадқиқоти алоҳида ўрин тутади. Бу асар асосини олим томонидан 1968 йили 8-12 февраль кунлари Покистонда ўтказилган Қуръони Каримнинг 1400 йиллигига бағишланган халқаро илмий анжуманда «Қуръон ва турклар» мавзусида маъруза ташкил қилади.

Маъруза аслида «Исломий тадқиқотлар институти журнали»нинг 4-жилди 3-4 сонларига мўлжалланган. Заки Валидий таклифига биноан барча исломий давлатларда беш кишидан иборат Қуръон Каримни ўрганувчи мунтазам ҳайъатини тузиш ва шу ҳайъат томонидан ҳар беш йилда Қурон Каримни ўрганиш масалаларига бағишланган анжуман ўтказилиб турилиши лозим эди. Қуръон Каримни Европа тилларига бехато мукаммал таржимасини амалга ошириш мақсадида мусулмон олимлар назоратини таъминлаш лозимлиги қайд қилиб ўтилди.

Аҳмад Заки Валидий мазкур анжуманда раислик қилган эди. Олимни ҳар бир чиқиши анжуман қатнашчилари томонидан олқишлар билан кутиб олинади. Бундан ҳижолат тортган Заки Валидий бу олқишларни сабабини бир анжуман қатнашчисидан сўраган чоғида у «Бир туркийгўй олимни байналминал анжуманда ўз фикрларини араб тилида мукаммал баён этгани олқишга сазовордир» [7.95.640-660-б], деб жавоб берган эди.

Тўғри, Қуръони Каримдан қилинган таржималар, тафсирлар ўрта асрлардаги муфассирлар ишининг анъанавий давоми бўлиб келмоқда. Ҳолбуки, Ўрта аср муфассирлари ҳам турли даражадаги илмий салоҳият соҳиблари бўлган инсонлардир. Уларнинг ҳам хато қилиши, адашиши, ўзга тилдаги матнни нотўғри тушунишлари табиий ҳол, албатта. Бироқ бизни қувонтирган нарса шуки, бизнинг давримизда Қуръони Каримнинг турли тиллардаги замонавий таржималари пайдо бўла бошлади. Масалан, Э.Р.Кулиев [7.96.], профессор Ҳамидулла, Р.Блашер [7.97.] шарҳларини шулар жумласига киритиш мумкин. Замонавий таржималар Ибн Рушднинг қуйидаги фикрини тасдиқлайди: «Бу дин ҳақиқий бўлиб, билимга етакловчи тадқиқни маъқуллагани боис, биз, мусулмонлар, ақл ёрдамида ўрганиш Қуръон ўргатувчи нарсаларга зид хулосаларга олиб келмаслигини биламиз. Инчунун, ҳақиқат ҳақиқатга зид бўлмай, балки у билан уйғунлашади ва у ҳақда далолат беради» [7.98.].

Демак, «Қуръони Карим даврларни «тафсир» қилади. Чунки инсон онг-тафаккури тараққий этган сайин Қуръони Каримни тобора теранроқ англаб бораверади. Биз бу ўринда динимиз асослари – Қуръони Карим ва Ҳадиси шариф матнларига тегишли таржималарни мантиқий тафаккурга асосланиб таҳрир ва таҳлил қилиш кераклиги долзарб муаммолардан эканини таъкидламоқчимиз» [4.18.]. Ана шунда оммага: «Қуръонда бошқа илоҳий китоблардан фарқли ўлароқ, илм-фан нуқтаи назаридан танқид остига олинадиган маълумотлар мутлақо йўқлиги» [7.98-168-б] илмий далиллар билан исботланишига эришилади. Шунинг учун фикримизча, «раъй» (фикр)га асосланган тафсирларга кенг йўл бериш керак.

Валидий томонидан қилинган «Қуръон ва турклар» мавзусидаги маърузада баён қилинган масалалардан бир Қуръонни энг қадимги туркийча тафсирини ҳамда Қуръони Каримни туркий халқлар маданий-маънавий дунёсидаги ижобий ҳолатларни айримларини кўрсатиб ўтишдан иборатдир. Бу тадқиқотнинг инглиз тилидаги матнини мусулмон Шарқи ва Ғарбининг илмий ҳамкорлиги даражасида дастлаб 1935 йилда, сўнг 1950 йилда ўтказилган илмий анжуман материаллари билан бирга нашр қиладилар. Анжуманда «Қуръон ва ақл (рационализм)» мавзуи қизғин мунозараларга сабаб бўлади. Бу мавзудаги энг яхши ва батафсил чиқиш покистонлик Сиронсулҳақ томонидан қилинади. Куала-Лумпур университети профессори Ҳасаннинг «Ислом миллатлараро ҳамкорликка мустаҳкам асос» бўлишига доир маърузаси ҳам мукаммал эди. «Ислом, институт ва адолат» мавзуида «Озод Кашмир» вакили Муҳаммад Аҳмад «Исломда судхўрлик» масаласи юзасидан маъруза қилади. Анжуман ўтказишдан кўзланган мақсадга эришиш учун, Исломобод баладияси («ҳокимият» дейиш мумкин)даги йиғилишда Валидий «Қуръон ва турклар» анжумани туфайли исломий давлатларда Қуръони Каримни замонавий илмий асосларга таянган ҳолда ўрганувчи илмий муассасаларни вужудга келтириш лозимлиги ҳақида фикр-мулоҳазаларини билдиради. Таклифига кўра ҳар бир исломий давлатда беш кишидан иборат Қуръон Каримни ўрганувчи мунтазам ҳайъат тузилади.Шу ҳайъат ташаббусига кўра беш йилда «Қуръонни ўрганиш анжумани» ўтказилади.

Анжумандаги «Қуръон ва турклар» мавзусида Валидий: «Қуръоннинг форс тилига тўлиқ таржимаси Табарий тафсирига таянган ҳолда шомоний ҳукмдор Нуҳ ибн Мансур ҳайъат томонидан амалга оширилганлиги сабабли араб тилида ёзилганини ўқиш ва тушуниш қийин» [7.9.19-20-б], дейди. Бу кейинчалик туркий таржимага замин яратганлиги айтилади. Ҳайъат аъзолари орасида бир исфижоблик (ҳозирги Сайрам) аргу турк олими ҳам бор эди. Аргу туркларининг лаҳжаси исломдан олдин ғарб туркларининг адабий тили мақомида бўлган, моний турклар уни «Олтин Аргу» дея улуғлашган эди. Қуръони Каримнинг тугалланмаган турк тилидаги таржимасининг Аргу нусхаси Манчестрдаги «Жон Ройландс» кутубхонасида сақланади. Таржимонинг ўғиз лаҳжасидаги яна бир тугалланмаган нусхаси эса, Британия музейи (№ 9515)да ҳар икки нусха форс тилидаги таржимани ўзига олган. Бу нусхалар XI асрга оид ҳисобланади. Қўлёзма ҳошиясидаги қайдлар ўғуз лаҳжасидаги нусханинг қорахоний ва салжуқийларнинг машҳур вазири Тағарбек Қошғарига тегишли бўлиши эҳтимолини кучайтиради. Қуръон Каримнинг туркийда бизга маълум бошқа нусхалари қуйидагилар:

1. 1338 йилда Илҳоний шоҳлари учун Шерозда таржима қилинган (Турк Ислом музейи, № 73).

2. 1362 йилда Олтин Ўрда Чингизийлар салтанатининг ғарбида ёзилган (Ҳоким ўғли Али пошшо кутубхонаси, № 957).

3. Ёзилган вақти ноаниқ нусха, қоғоз ва ёзув хусусиятларига кўра Марказий Осиёда, Чиғатой усулида амалга оширилган, деб тахмин қилинади (Санкт-Петербургдаги Россия Фанлар Академиясининг Шарқшунослик институти). Бу нусхалар мўғуллар салтанати ўлкаларидаги барча Қуръон Карим таржималарига Аргу нусхаси асос бўлганини кўрсатди.

Маҳаллий лаҳжалар таъсирида битилган барча нусхаларда X асрга мансуб эски туркча ибора ва архаик сўзлар мавжуд. Санкт-Петербургда сақланаётган нусхасида эса баъзан жуда қадимий шакллар ҳам бор. Кейинроқ Қуръони Каримнинг бу нусхаси ҳақида шарқшунос В.В.Бартольд ҳам мақола ёзади [7.99.125-127]. Ундан кейин шарқшунос А.К.Боровков ҳам тафсирни тадқиқоти билан шуғулланиб рус тилига таржима қилган бўлса [7.100.368.], Заки Валидийнинг дўсти муҳожир сафдоши бошқирд олими Абдулқодир Инон тафсир [7.101.]ни ёзилиш вақти ҳақида тадқиқот ўтказган. «Абдулкодир Инон Туркий тафсирни ёзилиши X аср охири ва XI асрнинг боши, В.В.Бартольд фикрича, «Қутадғу билиг»дан олдин ёзилган» [7.48.105.], дея таъкидлайди. Заки Валидийнинг фикрича, Қуръон Карим ёрдамида туркийларда исломнинг тили араб тили шаклланганлигини таъкидлайди. Бу адабий тил маҳаллий шевалар тазйиқига қарамасдан Чиғатой элатининг пойтахти Самарқанддан Ҳиротга кўчирилгунига қадар муштарак туркийча руҳиятни сақлаб турганлиги айтилади.

Кейинчалик Қуръон Каримни Ўрта Осиё туркийсига ўгириш зарурати туғилади (Валидийнинг маълумотига кўра, бу қўлёзма нусхаси Кўнядаги Юсуф Оға кутубхонасида сақланмоқда). Олд Осиёда эса, бундай таржималар анча олдин бошланган. Валидийнинг «Қуръони ва турклар» мақоласида ислом дини кириб келган VII-VIII асрлар қизиқарлидир. Хусусан, XX асрнинг бошларида Туркистондаги буюк миллий-маънавий уйғониш марказида ҳам ислом, исломий маданий меросимизга, Қуръони Каримнинг барча туркий халқлар хусусан, ўзбек халқи тарихий тараққиётидаги таъсири тўғрисида фикрларини билдирган.

Хулоса қилиб айтадиган бўлсак, Валидий Қуръони Карим ва миллий-маънавий тафаккур тараққиётида ислом дини, унинг тарихи, Қуръони Каримнинг тафсири ва замонавий шарҳлари, бакалавр ҳимоя дипломлари, магистрлик, докторлик диссертациялари ҳимоя қилиниб, бу тўғрида бир неча асарлар, мақолалар ёзилмоқда. Қуръонда ифодаланган меъёр ва тамойилларга асосланган махсус қатъий расм-русумларга риоя қилиш ва шунингдек, иқтисодий-ижтимоий муносабатларда амал қиладиган қоидаларни бажаришга асосланади. Қуръон ва Муҳаммад Пайғамбар (с.а.в.)нинг ҳадисларини зоҳирий тушуниш, уларни сўзма-сўз тафсирлаш анъанавий-оммавий идрок қилиш жараёнига ёрдам бериб келди. Мана шу зоҳирий тушунишга тобъе бўлиш мусулмонлар эътиқодининг дастлабки таянчи бўлди. Қуръон ва ҳадислар матнини тушуниш учун зарур бўлган ҳадисшунослик, адабиёт, тилшунослик, тарихнавислик илмлари ҳам баробар ривожланди.

### 3.3. Аҳмад Заки Валидий асарларида миллий ўзликни англаш муаммосини ёритилиши ва унинг бугунги кундаги аҳамияти

Шўролар истибдоди даврида Марказий Осиё халқларининг, хусусан ўзбек халқининг озодлик кураши саҳифалари коммунистик мафкура тазйиқи остида онгли равишда сохталаштирилган эди. Шу нуқтаи назардан қараганда, миллий ўзликни англашнинг ўсишига муҳим туртки бўлган ва миллий озодлик ғоясини шакллантириб, ўз фаолияти билан уни амалга оширишга уринган фаол ҳаракат тарафдорлари жадидчилар ҳисобланган. Бу оқим тарафдорлари жаҳондаги умуминсоний ва миллий демократик тамойилларга асосланиб, жамиятнинг замонавий ривожланиш талаблари ва ўлка туб ерли аҳолисининг маънавий-маърифий ва ижтимоий-иқтисодий манфаатларига жавоб бера оладиган ғояларни таклиф қилганлар. Мозийга бир назар солар эканмиз, жадидлар ҳаракати ҳам ўз даврида мустақил Туркистон истиқболи учун қайғурган, керак бўлса, ўзларининг табаррук жонини аямаган фидойи миллатдошларимиз илгари сурган озодлик ва мустақиллик каби ғояларини ўз ичига олган феномен сифатида баҳоланади.

Бу хусусда Ўзбекистон Республикаси Биринчи Президент И.А.Каримов собиқ тузум даврдаёқ, «Маърифатпарвар боболаримиз – жадидчилик намояндаларининг ҳаёти ва ижодига муносабат масаласида кўп йиллардан буён давом этаётган баҳсларга оқилона чек қўйиб, уларнинг меросини халқимизга қайтариш йўлидаги амалий, принципиал фикрларни илгари сурган»[2.4-20-21-б].

Жадидчилик маърифатпарварликдан қудратли сиёсий ҳаракатга қадар бўлган мураккаб ривожланиш йўлини босиб ўтган ўзига хос оқим ҳисобланган. Жадидчиларнинг мақсади Туркистоннинг кўп миллатли туб аҳолиси, энг аввало унинг зиёлилари, ўлканинг иқтисодий, табиий ва меҳнат ресурсларининг эксплуатация қилинишига, ижтимоий ва миллий зулмга жавобан ўсиб бораётган миллий ўзликни англаш, маҳаллий халқлар турмуш тарзини белгиловчи, умуминсоний қадриятларни сақлаб қолиш ва бойитишга интилиш каби принципиал масалаларни ҳал этиш кераклигини илгари сурди.

1918-1919 йилларда ақидапараст уламоларнинг фатвоси билан минглаб маърифатчилар ва уларга хайрихоҳ кишилар жисмонан йўқотилди. Шўролар даври тарих ва фалсафа фани маърифатпарварларига идеализм вакиллари, деб баҳо берилган. Чунки маърифатпарварлар жамиятни ривожлантиришга инқилобий тўнтаришлар билан эмас, яхшиликни, адолатни, билимларни тарғиб қилиш йўли билан эришмоқчи бўлган эдилар. Шўролар давлати сиёсий амалиётида эса, уларга халқ душманлари ёрлиғи ёпиштирилди, улар жазоланди ёки қатл этилди [4.19-179-180-б].

Жадидчилик ҳаракати намоёндалари ўз ғоялари мезонини ижтимоий адолат, миллий фаровонлик, миллий мустақиллик асосида шакллантирган эди. Шу билан бирга улар маданий-ахлоқий, ва маърифатпарварлик ишларини янгилашга, европача илмий-техника тафаккурни тарғиб қилишга, диний мутаассиблик, ақидапарастлик ва нодонликка барҳам беришга ҳаракат қилдилар. Шунингдек, улар ўз фаолиятларида Қуръон Каримни ва ислом таълимотини оқилона изоҳлашга ҳаракат қилганлар. Жумладан, Заки Валидий исломнинг тараққийпарвар ғояларини тушунтириш билан таълим, иқтисод, маданият ва умуман, жамият ҳаётининг барча соҳаларини ислоҳ этиш зарурлигини тушунтиришга интилган. Қуръони Каримнинг тафсирини жуда яхши билган Валидий ўз мақолаларидан бирида Қуръон оятлари ва ҳадислардан намуналар келтириш билан ислом дини халқни юқори даражада илмга даъват қилганлигини алоҳида таъкидлаб ўтади. Шунингдек, Валидий баъзи дин пешволарини ислом тарихини билмаслиги оқибатида, аксарият ҳолларда, ўнғайсиз вазиятга тушиб қолишини кескин танқид қилади. Валидий «Миллий, маънавий бойлигимиз» мақоласида ёзилишича: «Туркистон халқларининг моддий истиқболи; Европа маданияти, низом ва қоидаларига тушуниб етиш Шимолий

Россиядан келган рус ва ғайримиллатлар бу ердаги ипакчилик, пахтачилик, боғдорчилик ишларини, гилам тўқишни маҳаллий аҳолидан ўзлаштиришлари учун вақт керак бўлган»[7.103.].

Чор Россияси тазйиқи остида бўлган мусулмонлардан ўз маънавий ва моддий маданиятини сақлаб қолиш учун Ғарбий Европа жадидчи ва маърифатпарвар олимларидан Исмоил Гаспиринский Кавказ туркийларидан Ҳасанбек Маликов ва Ансизодалар кўзга кўринадиган даражада самарали ишларни амалга оширганлар. Руслар истило этган ерларда «моддий бойлик» билан «миллий-маънавий бойлик» деган икки унсур жиддий баҳсларга сабаб бўлган. Бу даврда миллий маънавий бойликлари зўр миллатлар, ҳаётга истеъдодли, истиқболи порлоқ деб қаралган, миллий ва руҳоний бойлиги заиф миллатлар, қавмлар эса ҳаётда салоҳиятсиз, истиқболсиз деб ҳисобланганлар. Шунинг учун ҳам Валидий, «бир қавмни ҳақиқий маданий бўлмоғи мутлақ, ўзига хос урф-одат, тил ва тарих ичида яхши тараққий этмоғи мумкин. Чунки бир қавм ўз она тили, урф-одат ва тарихи заиф бўлгани учун, маданиятни иккинчи миллатларни тилида ўрганмоғи лозим бўлса, энг аввал шу чет миллатларни маданиятига кириб кетган қавм ҳеч қачон шу маданиятга чин ихлос қўйиб «ўз иши» деб қарай олмаган.

Туркистонда янги адабиёт нашрлари ва миллий адабиёт бобида амалга оширилиши керак бўлган ишлар кўп. Ўз миллатини дини ва маданиятини сақлай олмаган ва ўз қавми анъаналари билан яшаган қавмлар маданиятлар рақобатига баҳслаша олмайди ва ўша қавм анъаналари маънавий ва маданий тараққиётига хизмат қила олмайди» [7.103-9-б], деган хулосага келади.

Абдулла Авлоний миллий тарбияни изоҳлашда фалсафий асосни кўрсатиб беришга ҳаракат қилади. Жисм билан руҳнинг узвий бирлиги ҳақида фикр юритиб, шундай фикрни билдиради: «Бадан тарбиясининг фикр тарбиясига ёрдами бордир. Жисм ила руҳ иккиси бир чопоннинг ўнг ила терси кабидир. Агар жисм тозалик билан зийнатланмаса, ёмон хулклардан асранмаса чопоннинг устини қўйиб астарини ювиб, овора бўлмоқ кабидурки, ҳар бир устидаги кири ичига урадур» [4.25-36-б]. Жисм билан рух, шакл билан мазмуннинг узвий бирлиги ва уларнинг ўзаро таъсир этишини тўғри тушунади ва тўғри талқин қилиб беради. Болаларнинг фикрлаш иқтидорлиги, муаллимларнинг мажбурияти бўлиб, виждонларига юклатилган бўлиб, фикрнинг қуввати зийнати, кенглиги муаллимларга кўп жиҳатдан боғлиқ.

Абдулла Авлоний ушбу асарида ақл ва илмнинг, маънавий ахлоқий томонларига алоҳида эътибор қаратади. «Ақл инсонларнинг пири комили муршиди ягонасидур. Рух ишловчи, ақл бошловчидур» [4.25-37-б] дейди.

Янада аниқроқ ва равшанроқ англаш учун шундай муқоясини келтириб ўтади. Бу фикри билан Авлоний ақлнинг илм соясида камол топишига ишора қилган. Аммо булар бир-бири билан узвий боғлиқ тушунчалардир. Илм ҳам инсонларнинг мадори ҳаёти, раҳбари нажоти, боринки, «дунёнинг иззати», у инсон учун ғоят олий ва муқаддас бир фазилат. Шунинг учун ҳукамолар бежиз «Ҳар нарса кўпайса арзон бўлур, ақл эса илм ва тажриба соясида қанча кўпайса, зийнатланса, шунча қимматбаҳо бўлур» [4.25.38.] демаганлар. Жумладан, «Оренбургдалигида Ҳусайния мадрасаси талабалари орасида рус тилини биладиган ва социализм ҳақида тушунчаси борлар Заки Валидийни араб, форс ва рус тилларини ҳам уларга нисбатан анча яхши билишини англаб ҳайратланадилар. Абул Аъло ал-Мааррийнинг «Ал-Лузумиёт», рус олими Н.М.Ядринцевнинг «Положение инородцев Сибири» ва Атторнинг «Пандномаʼсини олиб келади ва ўз тенгдошларига ўқиб берганлигини» [7.49.46.] эсга олади.

Жадидчилик ҳаракатининг асосчиси, ёзувчи ва маърифатпарвар Исмоил Гаспиринский ўз умри (1851-1914 й.) давомида мусулмон халқлар маорифини тубдан ислоҳ қилиш, дунёвий фанларни ўқитиш масаласига алоҳида эътибор берди. У айниқса, миллатнинг саводи ўз тилида чиқмоқлигини, миллий тарбия, муқаддас ғоялар авлоднинг онги, тафаккурига она тилида сингдирмоғи, зарур бўлса, уларни ислоҳ қилган холда маърифатни тикламоқ лозимлигини ўзининг қарашларида қайта-қайта изоҳлаб ўтган. Шунингдек, Валидий ҳам тил хусусида қуйидагича фикр билдиради: «Умумий миллий ва адабий тил бутун қабилаларнинг умумий идеалидир. Бу тил у ёки бу қабиланинг бошқаларини бошқариш тажрибаси билан эмас, муштарак маданий фаолият учун замин яратиш билан, балки шарқий Фин шевасининг ғарбий Финлардан ғалабаси каби бир маданий мусобақанинг табиий натижаси сифатида ўз-ўзидан ҳосил бўлади.

Ҳар бир қабиланинг шеваси, ахлоқи ва одатлари ўз ватанида ва муҳитида ўзи учун севимлидир, ва бу жиҳатдан бошқа қабилалар учун ҳам лойиқ ҳурматдир. «Бир қабила вакили бошқа бир қабилалар орасида жойлашган тақдирда, бу қабиланинг тил ва одатини қабул қилиши, умумий муносабатнинг яхшиланиши учун тавсия қилинган нуқтадир. Бунинг билан бирга барчанинг ўз қабила ва шевасига боғлиқлиги табиий кўрилиши зарур» [7.22.], деган хулосага келади. Бундан ташқари Исмоил Гаспиралининг: «Европа бир кекса чолдир, тажрибаси кўпдир. Улуғ ёшига ҳурматимиз бор. Тажрибасидан ўрганамиз. Лекин хатоларини такрорламаймиз. Европада нимани кўрсак, ёш боладек олиб югурмаймиз. Эсли ҳушли инсонлардек «Бу нимадир? Оқибати нима бўлади?». Виждон ва ҳаққониятга уйғунми? дея ақл тарозисига тортиб оламиз» [4.21-33-б] каби сўзлари бизнинг бугунги кунимизга таллуқлидир. Бунинг учун эса, биз жамиятимизда рўй бераётган глобаллашув жараёнларини онгли равишда англаб етишимиз ва идрок этиб тўғри хулоса чиқаришимиз лозим бўлади. Шундагина биз бу каби муаммоларни ижобий ҳал қила оламиз.

«Инсонларни бир-биридан уч нарса узоқлаштиради: тил, масофа узоқлиги, диний эътиқоднинг бошқалиги. Афсуски, бизда дин битта бўлса-да, ягона тилга эга эмаслик ва масофа бизни ажратиб қўяр экан, шу аснода мен ҳам зиёли қардошларим каби туркча исмимни ёзишни билмас эдим»

[4.22-26-б], дейди у. «Ҳаёт» газетасидаги мақолаларининг бирини қуйидагича якунлайди. «... Лекин ягона шартни унутма ҳар на ёзажак эсанг, қаламни уч капиклик қора сиёҳга ботирма, юрагинга ботириб, қонинг билан ёз, сўзинг унар, виждонларга етар, акс ҳолда бесамар кетади» [4.22-27-б].

Ҳақиқатдан ҳам тил-барча замонларда ҳар бир миллат учун энг аҳамиятли ҳодиса саналади, чунки тил орқали миллатнинг ўтмиши жонланади, уни келажаги ифода этилади. Абдулла Авлоний таъбири билан айтганда, «Ҳар бир миллатнинг дунёда борлигини кўрсатадурғон ойнаи ҳаёти тил ва адабиётдир» [4.5-126-б]. Жадидчининг тил масаласига алоҳида эътибор бергани ҳам ана шунда эди. Мусулмонларнинг ўз она тиллари бўлишини ва бу тилдан маориф тизимида фойдаланишни назарда тутган Валидий ўз мақолаларининг бирини миллий тил тараққиётига бежиз бағишламаган эди. Ҳозирги ўзбек тили аждодларимиз томонидан эъзозланган ва шарафланган, ҳар хил қараш ва чеклашлардан ҳоли қилинган, асраб-авайлаб, авлодларга етказилган тил ҳисобланади. Бу тилга эътиборсиз бўлишга, тил равнақига лоқайд муносабатда бўлишга ҳаққимиз йўқ. Тил бутун имкониятлари билан бизга аждодларимиз томонидан қолдирилган омонат ва бу омонатни борича тўлиқ ва бойитилган ҳолда келгуси авлодга етказишимиз лозим.

Заки Валидийнинг жадидчилик фаолияти 1990 йиллардан кейин асарлари халқ орасида кенг тарқалди, газета ва журналлар пайдо бўлди, китоб ва дарсликларни чоп қилиш кенг тус олди, миллий ўтмиш, маънавий мерос ва бошқа халқлар маданияти, таълим-тарбия усулларини ўрганишга бўлган қизиқиш кучайди. Шубҳасиз, буларнинг ҳаммаси инсонларда миллий онгнинг шаклланиши, сиёсий ва маънавий уйғониш, мустақил тараққиётга интилишга олиб келди. Жадидлар мусулмон зиёлилари орасидан етилган, тарихан ечилиши зарур бўлиб қолган бир қатор ижтимоий-иқтисодий ва маданий-маърифий масалалар учун ўзларини масъул билган ватан ва миллат фидойилари эди.

Жадид мактаблари, жадид матбуоти, жадид адабиёти ва жадид театри вужудга келиши турли маънавий тадбирлар билан кишилар онгини ўзгартиришга, халқнинг басират кўзларини очишга қаратилди. Бундай ишлар жадид маърифатчиларининг фаол иштирокисиз кечмади албатта. Улар ўзларининг Ватан ва миллатга бўлган меҳр-муҳаббати, нурли истеъдоди билан Ўзбекистондаги ва умуман туркий оламдаги миллий уйғониш ишига улкан ҳисса қўшдилар. Валидийнинг фикр-мулоҳазаларидан келиб чиққан ҳолда, жадидчилик миллий уйғониш-маърифатпарварлик ҳаракати назарий-мафкуравий ва сиёсий-амалий жиҳатдан қуйидагича таркибий-тузилмавийликка эга бўлган:

- биринчидан, ўқиш ва ўқитишда янги усул мактаблари очиш, янги қўлланма ва дарсликлар яратиш;
- иккинчидан, маиший ҳаётда янгиликни кенг жорий қилиб, қолоқликка барҳам бериш;
- учинчидан, архаик, қолоқ бошқарув тизимини (айниқса, Бухоро амирлиги ва Хива хонлигида) тубдан ислоҳ қилиш (лекин инқилобий тарзда эмас!);
- тўртинчидан, миллат тилига зарур эътиборни қаратиш, уни ҳимоя қилиш, қўлланиш кўламини тобора кенгайтириб бориш;
- бешинчидан, миллат тасарруфидаги иқтисодиётда замонавий тамойилларини амал қилишига эришиш ва ҳоказолар. Албатта, булар ичида жадидчиликнинг табиатидан келиб чиқилса, маънавият соҳаси белгиловчи ўрин тутади.

Заки Валидий ўз қарашлари асосида туркий халқларнинг миллий хавфсизлигига қарши пайдо бўлган ўта хавфли таҳдидларга барҳам бериш кераклигини илгари суриб, миллий уйғониш ҳодисасини юзага келтириш ва миллат тараққиёти ва ўзлигини англатишга муваффақ бўлиш зарурлигини алоҳида таъкидлаб ўтган. Шунингдек, Валидий миллатни миллий ўзлигини англашига тўсқинлик қилаётган муаммоларни қўйидагилардан иборат деб билади:

- мустамлакачиларнинг мустамлакачилик мафкураси ва қарамлик ҳамда тобелик кўникмаларини миллатга сингдириш йўлидаги хатти – ҳаракати:
- миллат тараққиёти учун ўта хавфли бўлган дин пешволари орасидаги мутаассиблик, яъни жадидлар ташкил этган янги усулдаги жадид мактаблари ва уларда рус тили ўқитилишини шариатга зид, даҳрийлик деб жар солиниши:
- миллатда кўп йиллар давомида шаклланган ижтимоий мудроклик ва дунёвий илмлардан хабарсизлик ҳамда мутаассиблар таъсирига тобелик.

Валидий маърифатпарвар сифатида жамиятни янгилашга бўлган дастлабки уринишлари услубият масаласига эътибордан бошланди. Зеро, эски услуб билан халқ онгини янгилаш, унинг дунёқарашида туб ўзгаришларни амалга ошириш мумкин эмас эди. Шунинг учун ҳам у ишни янги усулдаги таълим даргоҳларини очиш, унда эски дарсликлар билан эмас, янги дунёвий билимларни ўзида жамлаган дарсликларни яратишдан бошлади. Зеро, айнан тарбия ёш авлод дунёқарашида миллийлик билан бирга умуминсоний қадриятларни уйғунлаштириш ва уни аниқ кўринишда намоён этиш миллатнинг янги авлодини янги тафаккур тарзини шакллантириш имкониятини бера олар эди.

Миллий ғоянинг тарихий негизларидан бири бўлган маърифатпарварлик ғояси намоёндаларининг фаолияти, мамлакатни феодал қолоқликдан чиқариш учун курашувчи илғор кучларнинг манфаатларини ифодаловчи ғоявий ҳаракат эди. Жумладан, Валидий миллий мустақиллик манфаатларини ҳимоя қила оладиган, иқтисодий-сиёсий қарамлик ва қолоқликдан чиқиш муаммоларини биладиган замонавий билимга эга саводли кадрлар бўлиши зарурлигини таъкидлайди. Бу бежиз эмас, албатта. Зеро, барча замонларда ҳар қандай миллатнинг тақдири унинг келажаги бўлган ёшлар тарбияси билан белгиланади.

Инсон, жамият ҳаётида тарбиянинг ўрни қанчалик муҳимлигига жадид мутафаккирлари ҳам эътибор қаратишган. Хусусан, Абдулла Авлоний «Тарбия бизлар учун ё ҳаёт - ё мамот, ё нажот - ё ҳалокат, ё саодат - ё фалокат масаласидир», деганда тарбиянинг нафақат алоҳида шахс, балки жамият тараққиётида ҳам нақадар катта роль ўйнашини таъкидлаган эди [4.20]. Заки Валидий ўз маърифатпарварлик концепцияси мезонини ижтимоий адолат, миллий фаровонлик, миллий мустақиллик асосида шакллантирган эди. Шу билан бирга у маданий-ахлоқий, ва маърифатпарварлик ишларини янгилашга, европача илмий-техника тафаккурини тарғиб қилишга, диний мутаассиблик, ақидапарастлик ва нодонликка барҳам беришга ҳаракат қилган. Шунингдек, Валидий туркий халқларнинг маънавий ва маданий савиясини кўтармоқ учун, миллатимизни бошқа миллатлардан орқада қолмаслиги учун ҳар бир киши Европа давлатларига бориб маълум бир тилни ўрганиш кераклигини таъкидлайди.

Хулоса қилиб, Валидий ўша даврдаги мураккаб, тебраниб турувчи ижтимоий-сиёсий вазиятда ўзининг кўп масалалар юзасидан дадил, долзарб ғояларни илгари сурди. Бугунги кунда ҳам биз бу ғояларнинг самарасини юртимизнинг мустақил тараққиёти, жаҳон ҳамжамиятидаги ўз ўрни ва ўз қадр-қимматини топаётганлигида кўришимиз мумкин.

## ХУЛОСА

Юртимизнинг шонли тарихидаги энг табаррук шахслар бўлган жадидларнинг ҳаракати ўрганилар экан, уларни юрт мустақиллиги, миллат маънавияти ва маданияти, ўзбек фарзандларини маърифатли қилиш йўлида фидо бўлганликларини, уларнинг илғор ғоялари мустақиллик туфайли рўёбга чиқаётганлигини турли илмий далиллар билан кўрсатиб бериш долзарб масалалардан ҳисобланади. Шу нуқтаи назардан қараганда, туркий халқларнинг тарихий, диний-фалсафий, ижтимоий-сиёсий ва маданий ҳаётида ўз илмий ишлари билан бой мерос қолдирган, бошқирд халқининг қаҳрамони зиёлилар наслидан бўлган фалсафа фанлари доктори, профессор Аҳмад Заки Валидий фалсафа, маданият ва тарих саҳнасида ўзига хос из қолдирган маърифатпарвар жадидлар етакчиси ҳисобланади. Заки Валидий Чор Россияси билан мақсадлари бир-бирига зид бўлганлиги сабабли унинг Бошқирд халқининг озодлиги йўлида қилган сиёсий ташаббускорлиги етарли даражада тадқиқ қилинмаган. Олиб борилган илмий изланишлардан маълум бўлишича, олим илмий фаолиятининг асосий қисми туркийлар тарихи ва илмий фаолиятининг асосий йўналиши бу туркийлар тарихи, фалсафаси ва маданиятининг замонавий-илмий доирасидан иборат бўлган. Валидий туркийлар тарихига чуқур сингиб кетишининг яна бир сабаби олим ватан озодлиги йўлида илм орқали кураши давомида бир нечта олимлар билан суҳбатда бўлиб, миллат тараққиёти учун ўзининг керакли хулосалари, таклиф ва тавсияларини эркин ифода этганлиги билан характерланади.

Олиб борилган илмий изланишлар асосида қуйидагича хулосаларга келиш мумкин:

Биринчидан, Заки Валидий ўз даврининг миллатсеварларининг тимсоли бўлган. Ўзининг сиёсий фаолияти давомида қарашларини яширмаган, бунга мисол қилиб, Маҳмуд Қошғарийнинг «Қутадғу билиг» асарида Салжуқийлар ва Қорахонийлар давлатида миллий байроқ шаклини алвонранг, Амир Темур ва ўғиллари замонидаги ёзилган асарлардаги миниатюралар асосида белгилаганлигини ёзади. Шунингдек, жадид-маърифатчиларининг етакчиси сифатида Заки Валидий миллат ва мамлакатнинг дунёвий тараққиёти йўлида тушов бўлиб келаётган диний фанатизм ва қолоқ расм-русумларга қарши чиқиш, эски мактабларни дунёвий ўқув усуллари билан ислоҳ қилиш, халқ оммасининг саводини чиқариш ва кўтариш мақсадида матбуот масалаларига жиддий эътибор қаратиб, миллий тил тараққиёти устида қайғуриш, Европа маданиятидан орқада қолиб кетмаслик учун замонавий миллий театр томошаларини ташкил этиш, хотин-қизларнинг жамиятдаги ва оиладаги аҳволини ўзгартириш мақсадида турли ижтимоий ва миллий ислоҳотлар йўлидаги муаммоларнинг ечимини ўртага ташлади.

Иккинчидан, «А.З.Валидийнинг бой фалсафий меросини фалсафий ғоялари, унинг диний дунёқарашини ўрганиш муҳим илмий-назарий, амалий-методологик аҳамият касб этади» [4.23.469]. Бизга маълумки, файласуфнинг файласуфлиги унинг воқеа-ҳодисаларни бир бутун, яхлит тизимда кўра олиши ва турли феноменларни уйғунлаштира олиши билан белгиланади. Жамиятни ислоҳ этишга киришган янгилик тарафдорлари қаторида Валидий ҳам бунга етарлича эътибор қаратди. Унингча, ижтимоий тараққиёт фақатгина раҳбарга, у томонидан яратилган шарт-шароитга боғлиқ бўлмаслиги, бунга шунингдек, фуқароларнинг фаоллиги билан ҳам эришилиши керак. Шунинг учун ҳам Валидийнинг диний-фалсафий қарашларида ҳодисаларнинг сабаб ва келиб чиқиши билан бири бошқасига боғлиқ эканлигини билдириш» асосий мақсад бўлган. Шунингдек, унинг фалсафий қарашларини шаклланишида Абу Райҳон Беруний фалсафаси ҳам ниҳоятда катта рол ўйнаган. Валидий Берунийни: «Доимо позицион ва объектив бир характер муҳофаза этгани учун баъзан XI асрда яшаган замонавий аср олими бўлиб, кўринади, яъни Ғарбнинг модерн илмига энг кўп яқинлаша олган Шарқ олимидир»,- дея таъриф беради.

Учинчидан, Валидийнинг диний-фалсафий дунёқарашини юксалишида «Муҳаммад Содиқ Сорий Тоғийнинг «Исбот эътиқоди», Солиҳ Камолнинг «Мухтасари тарихи ислом» китоблари, фонийлардан Баттолнинг «Назариёти адабия»си, Олимжон Иброҳимовнинг «Татар шоирлари»ни асарлари муҳим манба бўлиб хизмат қилган.

Тўртинчидан, Валидий ўз асарларида Осиё қитъаси бўйлаб тарқалиб кетган туркийларнинг ватанларидан кўчишлари сабабларини ҳам ўрганган. Бу билан Валидий кўчишга танқидий ёндашади ва кўчманчи туркийларнинг ўтроқ, зироат (экинчилик, деҳқончилик) ҳаётига ўтиши тарихини ўрганишда тарихий танқидий методика ижобий натижалар бергани ҳолда олимлар бу вақтларида кўчманчилар доимий деҳқончиликка (зироат, ўтроқлаша бошлаган) кўчиш масалалари ўз ҳолига ташланган вақтларда қозоқ, қирғиз ва бошқирдлар орасида бажарилган илмий тажрибалар яхши натижа берганлиги билан изоҳлайди. Заки Валидий жамиятни ислоҳ этишда, умумтуркий халқларни бирлаштиришда ҳар бир инсоннинг ўрни, малакали фаолиятининг аҳамияти ниҳоятда катта эканлигини англатгани билан ҳам биз учун қадрлидир. Субъектив омиллар билан боғлиқ муаммоларни ҳал этишда инсоннинг имкониятлари кенглиги ҳақидаги, ижтимоий-сиёсий, жумладан миллий тафаккурни тараққий эттириш тўғрисидаги Валидийнинг қарашлари бугунги кунда ҳам ўз долзарблигини йўқотгани йўқ. Аксинча, демократик жамият қуриш, ислоҳотларни амалга ошириш ишлари ҳаётга жадал татбиқ этилаётган бир пайтда, бизнингча, маънавий-маърифий ва мафкуравий ишларда бу қарашлардан ҳам фойдаланиш кўзланган мақсадларга эришишни таъминлашга хизмат этади.

Бешинчидан, Валидий кўпчилик жадидлар каби асосий диққат эътиборини инсонга, унинг фаоллигига қаратади. Жамиятни ислоҳ этишда энг асосий куч, деб жамият аъзоларининг онгли фаолиятига алохида урғу беради. Мутафаккирнинг ижодий мероси ҳақида аксарият тадқиқотлар адабиётшунослик ва публицистика соҳаларига тааллуқли бўлиб, фалсафий жиҳатдан ўрганилиши камчиликни ташкил этмоқда. Айниқса, фалсафада инсон муаммоси, инсон фалсафаси йўналишида унинг ижоди деярли ўрганилмаган. Шундай экан, бундай бўшлиқни тўлдириш лозим бўлади.

Зеро, ҳаёт тасдиқлаган бир ҳақиқат мавжуд: инсон – ўз мақсадларига эришиш воситаси ва омилидир. Бошқача айтганда, фаровонлик ва тараққиётга эришишда субъектнинг фаоллигини ошириш, уни турғунлик ва инерт (ҳаракатсиз) ҳолатдан юқори даражага олиб чиқиш ижтимоий зарурат ҳисобланади. Чунки инсон – тараққиёт ва таназзулнинг субъекти, позитив ва негатив фаолликнинг соҳиби. Бундан келиб чиқадики, инсон ўз бахт-саодатига эришишда мақсад ва воситалар, қадрият ва омиллар бирлиги, уйғунлигидан иборат мавжудотдир.

Умуман олганда Заки Валидийни юқорида келтирилган илмий мероси фалсафа, дин, тарих, тил, адабиёт, этнография, антропология, география, санъат, иқтисод каби фанлар билан шуғулланганлиги ва илмий янгилиги учун асосли равишда «Амалиётчи қомусий олим» десак хато қилмаймиз, дея учта далилни асос сифатида кўрсатиб ўтишни жоиз деб топдик.

биринчидан, асарлари плагиат эмас, балки ҳар бир илмий ишини ўзи асл манбаларга таянганлиги ва далил билан ёндашганлиги,

иккинчидан, 1909 йили ўз овулидан илм истаб Қозондан то 1939 йили ўзининг ўттиз йиллик илмий сафари давомида Фарғона, Самарқанд, Бухоро, Тошкент, Шаҳрисабз, Хива, Туркманистон, Эрон, Афғонистон, Париж ва Лондон, Венгрия, Австрия ва Ҳиндистоннинг халқлари тўғрисида маълумотлардан далилий мисол келтирганлиги,

учинчидан, Заки Валидийнинг илмий мероси дин фалсафаси ва шарқшунослик, тарих, маданият, география, этнография, иқтисодиёт, топонимика, антропология, ўзи бўлган ва кўрган мамлакатларнинг фалсафаси, тарихи, маънавияти ҳаттоки жойлашуви хусусида ҳам турли унинг асарлари орқали билиб олишимиз мумкин бўлади.

тўртинчидан, 11 та давлат раҳбари билан учрашиб илмий суҳбатда бўлганлиги асос бўлади деб ҳисобласак хато қилмаймиз.

Заки Валидийнинг фалсафий, диний, тарихий, маданий ва бошқа соҳаларга хос хилма-хил маълумотлари, манбалари қимматлилиги масаланинг бир жиҳати бўлса, иккинчи жиҳати ўзи бўлган жойлар, кутубхоналар, олимнинг ўзига хос дунёқараши, фикрлаш доираси, манфаатлари, воқеа ва ҳодисаларга муносабати, урф-одатлар ва қадриятларни баҳолай олиши теран фикрли файласуфлигидан далолатдир.

Заки Валидий файласуф, тарихчи олим сифатида нафақат илмий сайёҳ, балки ўз даврининг сиёсатчиси ва Бошқирдистон автоном республикаси асосчиси ва ҳукуматини раиси, бошқирд, ўзбек, форс, араб, рус, немис, лотин, турк, инглиз, туркман, қозоқ тилларида даврнинг маълум маънавий-руҳий вазиятини тушунтира олувчи олим эди.

Ўн бир йил давом этган сиёсий фаолиятидан сўнг Заки Валидий 1925 йилда Истанбулга бориб, илм соҳасига қайтади. 1930 йилда Вена университетига ўқишга кириб, 1935 йилда «Real Gymnasium» ҳамда докторлик имтиҳонларини топширади. Ислом илмлари бўйича фалсафа фанлари доктори даражасини олиб, Бонн университетининг ислом илмлари фахрий профессори бўлади.

Олим худди ўзидан олдин ўтган сайёҳ олимлар каби ўша даврда арзимас бўлиб кўринган воқеа ёки илмий топилмалар ва ҳодисаларга ниҳоятда синчковлик ҳамда эътибор билан таҳлил ва тадқиқ қилади. Аҳмад Заки Валидий Тўғоннинг бизгача етиб келган илмий мероси ўрганиб чиқилганда, тафсилотларга бойлиги алоҳида ўринлидир. Заки Валидийнинг ҳаёт йўли ҳақиқий жасорат бўлиб қолмай, хушёрлик, турли сиёсий вазиятларга мослаша олишни ҳам талаб қиладиган оғир ва машаққатли ҳаёт йўли эди.

# ФОЙДАЛАНИЛГАН АДАБИЁТЛАР РЎЙХАТИ

1. Меъёрий ҳужжатлар
1. Ўзбекистон Республикаси Конституцияси. – Тошкент: Ўзбекистон, 2003.
2. Ўзбекистон Республикаси Президенти Ш.М.Мирзиёев Қарори 2017 й. 23 июнь.
3. Ўзбекистон Республикаси Президенти Шавкат Мирзиёевнинг Бирлашган Миллатлар Ташкилоти Бош Ассамблеясининг 72-сессиясидаги нутқи // «Халқ сўзи», 2017 йил 20 сентябрь.

2. Биринчи Президент Ислом Каримов асарлари
1. Каримов. И.А. Юксак маънавият-енгилмас куч. – Тошкент: Маънавият. 2008. – Б.160.
2. Каримов. И.А. Ўзбекистон XXI аср бўсағасида: Хавфсизликка таҳдид, барқарорлик шартлари ва тараққиёт кафолатлари. Хавфсизликни ва барқарор тараққиёт йўлида. 6-жилд. – Тошкент.: Ўзбекистон, 1998.-Б.254
3. Каримов И.А. Ўзбекистон мустақилликка эришиш остонасида. – Тошкент.: Ўзбекистон. 2011. – Б. 20-21.

3. Президент Шавкат Мирзиеёв асарлари
1. Мирзиёев Ш.М. Буюк келажагимизни мард ва олийжаноб халқимиз билан бирга қурамиз – Тошкент.: Ўзбекистон, 2017.
2. Мирзиёев Ш.М. Қонун устуворлиги ва инсон манфаатларни таъминлаш юрт тараққиёти ва халқ фаровонлигининг гарови. – Тошкент.: Ўзбекистон, 2017.
3. Мирзиёев Ш.М. Эркин ва фаровон демократик Ўзбекистон давлатини биргаликда барпо этамиз. – Тошкент.: Ўзбекистон, 2017.
4. Мирзиёевнинг Ш.М. Олий Мажлисга мурожаати. / Халқ сўзи, Тошкент: 2017. -№ 258 (6952).
5. Ўзбекистон Республикаси Президентининг 2018 йил 16 апрелдаги «Диний – маърифий соҳа фаолиятини тубдан такомиллаштириш чора-тадбирлари тўғрисида»ги фармони. http://uza.uz/-16-04-2018.

4. Монография, рисола ва ўқув-услубий адабиётлар
1 Абдурахманов М. Научная деятельность А.З.Валидова в Туркестане.– Ташкент: «Фан», 2004. 314 с.
2. Абдураҳмонов М., А.Зохидий, А.З.Валидий Тўғоннинг Туркистонга илмий сафари. (1913-1914 йиллар) – Тошкент.: Фан. 1997. 75 б.
3. Қуръони Карим. Таржима ва изоҳлар муаллифи Абдулазиз Мансур. / Масъул муҳаррир Ҳамидулла Кароматов. – Тошкент. Тошкент Ислом университети нашриёти, 2001.
4. Ўзбекистон миллий энциклопедияси. «Ўзбекистон миллий энциклопедияси» Давлат илмий нашриёти. – Тошкент.: 2001. 373 б.
5. Қосимов Б. Миллий уйғониш: жасорат, маърифат, фидойилик. – Тошкент.: «Маънавият». 2002. – Б.380.

6. Жўраев Н. Тарих фалсафасининг назарий асослари. – Тошкент.: «Маънавият», 2008.
7. Жадидчилик: ислоҳот, янгиланиш, мустақиллик ва тараққиёт учун кураш. – Тошкент.: «Университет», 1999 йил, – Б.3.
8. Сўнгги жадид қиссаси. – Тошкент.: Турон – Иқбол, 2012. – Б. 9.
9. Аҳмад Заки Валидий Тўғон. Бўлинганни бўри ер. – Тошкент.: Адолат, 1997. – Б. 379.
10. Ҳасанов А. Қадимги Арабистон ва илк ислом: китоб. Жоҳилия асри // Таҳрир ҳайъати: Ҳ.Кароматов, Н.Иброҳимов, З.Ҳуснидинов ва бошқ. /– Тошкент.: Тошкент ислом университети, 2001. – Б.256.
11. Имомназаров М., Эшмуҳамедова М. Миллий маънавиятимиз асослари. (Олий ўқув юртлари учун маърузалар матни)// Таҳрир ҳайъати: Ҳ.Кароматов, Н.Иброҳимов ва бошқ. /– Тошкент.: Тошкент ислом университети, 2001. – Б.432.
12. Бахадиров Р.М. Из истории классификации наук на средневековом мусульманском Востоке. – Ташкент.: Академия, 2000. – С.244.
13. Уинтер.Т. Ж. XXI асрда ислом. – Тошкент.: Шарқ, 2005. – Б.39.
14. Абдуҳалимов Б. Абу Райҳон Беруний / Буюк алломаларимиз. – Тошкент.: Тошкент Ислом университети, 2002. – Б.44.
15. Ҳотамий С.М. Ислом тафаккури тарихидан. – Тошкент.: 2003. – Б.244.
16. Карим Ғ. Соҳибкирон ва аллома. – Тошкент.: «Шарқ» 2002. –Б.186-204.
17. Абдулазиз Мансур. Қуръони карим таржимаси. Бақара сураси 31 – 34 оятлар. «Мовароуннаҳр». – Тошкент 2008.
18. Файзуллаев О. Нафс, жон ва руҳ (Қуръон, тасаввуф ва фандаги талқинлари). – Тошкент.: Академия, 2005.
19. Фалсафа энциклопедик луғат. – Тошкент.: Ўз М Э нашриёти, 2010. – Б. 179-180.
20. Авлоний А. Туркий Гулистон ёхуд ахлоқ. – Тошкент. 1992 й.
21. Қосимов Б. Миллий уйғониш. – Тошкент.: Маънавият, 2002. – Б.33.
22. Қосимов Б. Исмоилбек Гаспирали. – Тошкент: Маънавият, 2006. – Б.26.
23. Каримов Б. Ўзбекистон миллий энциклопедияси. 12-жилд. – Тошкент.: «Ўзбекистон миллий энциклопедияси» Давлат илмий нашриёти, 2006. –Б.469.
24. Собрание восточных рукописей Академии наук Республики Узбекистан. История / Составители Д.Ю.Юсупова, Р.П.Джалилова. – Тошкент.: Фан, 1998.– С.362. далее СВР.История. и др.
25.Авлоний А.Танланган асарлар. 2-жилд . – Тошкент.: Маънавият.– Б. 38.
26. Ражабов Қ. Мустақил Туркистон фикри мужодалалар (1917-1935). – Тошкент: Ўзбекистое, 2000. – Б 35.

27. Ражабов К., Хайдаров М. Туркистон тарихи (1917-1924). Ўқув қўлланма. – Тошкент : Университет, 2002. – Б 168.

5. Илмий журналлар ва конференция материаллари тўпламларидаги мақолалар
1. Асқад Мухтор. Изчил рух. // Халқ сўзи, 1992. 22 март.
2. Шигабуддинов Р. Неизвестные страницы наследия А.Валиди. // O'zbekiston tarixi. 2000. №1-2. – С.57-70.
3. Шигабдинов Р. // Асырлар авази. Эхо веков. – Казань. 1999. – № 2. – С. 189.
4. Шигабуддинов Р. Ахмет Заки Валиди и идея автономии Туркестана / Туркистон мустақиллиги ва бирлиги учун кураш саҳифаларидан. – Тошкент.: 1996. - С.33-39.
5. Қосимов Б. Аҳмад Заки Валидий. Мағжон Жумабой. // Ўзбекистон адабиёти ва санъати. 1992. № 32.
6. Қосимов Б. Туркистоннинг туганмас дарди // Ўзбекистон адабиёти ва санъати. 1992. № 25.
7. Маҳмудхўжа Беҳбудий. «Туркистон тарихи» керак // Ойна. 1914. №38.
– Б. 828-901.
8. Олимжон Шараф. Турк ва татар тарихи. Заки Валиди афанди хизматлари // Шура.1916. №13. – Б.331. Заки Валидий афандининг Фарғона музофоти ҳақинда // Садои Фарғона. 1914 йил май.
9. Имом ал-Бухорий халқаро жамғармаси. Фридрих Эберт жамғармаси. Ислом ва дунёвий-маърифий давлат. // Мунавваров З.И., Шнайдер-Детерс В. умумий таҳрири остида. / 2002 йил 5-6 июн кунлари Имом ал-Бухорий ёдгорлик мажмуасида ўтказилган «Ислом ва дунёвий маърифий давлат» мавзуидаги халқаро илмий-назарий анжуман материаллари асосида. – Тошкент.: Тошкент картография фабрикаси, 2003. – Б.292.
10. Абдураҳмонов М. Миллий маънавиятни шакллантиришда тарихий тафаккурнинг илмий имкониятлари. // ЎзМУ хабарлари. «Университет» 2010. №2. – Б.10.

**6.Диссертация ва диссертация авторефератлари**
1.Абдураҳмонов М. Научная деятельность А.З.Валидов Туркестане. Диссертация на соискание ученой степенидоктора исторических наук. – Тошкент.: 2005. С.302.
2. Ишбердина Гульнара Нургалеевна. Социально-философские основания формирования мировоззрения А.-З.Валидова. Специальность 09.00.11 - Социальная философия. Диссертация на соискание ученой степени кандидата философских наук. – Уфа: 2001.
3. Газизов Р.Р. Деятельность Временного революционного совета Башкортостана.: Автореф.дисс… канд. ист. наук. – Уфа: 2008.
4. Кульшарипов М.М. Национальное движение башкирского народа (1917-1921 гг.): Автореф. дис... докт. ист. наук. – Уфа, 1998.
5. Ҳуснидинов З.М. Ўзбекистонда диний бағрикенгликни мустаҳкамлаш омиллари ва муаммолари. Автореферат. – Тошкент.: 2000. – Б.26.
6. Журакулов Ф.Н. Абу Райҳон Берунийнинг илмий меросини Ғарб олимлари томонидан тадқиқи этилиши. Фалсафа фанлари номзодлиги диссертацияси. – Тошкент.: 2007. – Б.160.

**7. Хорижий тиллардаги монография, китоб, рисола ва ва илмий мақолалар**
1. Salihov A. Ahmet Zeki Velidi Togan Bibliografyasi // Türk Dunyasi Aras'tirmalari. – Istanbul: 1994. S. 209-230.
2. Jansky H. Ahmet Zeki Velidi Togan //Zeki Velidi Togan'a Armapan Symbolae in honorem Z.V.Togan: 60. Dopum yili minasebetiyle. – Istanbul. 1966.
- S.XXXIII.
3. Inan Abdukadir. Prof. Dr. Zeki Velidi Togan Ulmi Faliyetleri // Turk Yurdu. 1966. №262, №263, 1967. №264.
4. Bergdolt F. Der geistige Hintergrund des Türkischen Historikes Ahmet Zeki Velidi Togan nach seinen Memorien. – Berlin: 1981-140 s.

5. E'sin C. Merhum Prof. Zeki Velidi Togan in Hatiralar adli eseri //Islam Tezkirleri Ens'titusu Dergis'i. 1987. Cild IV. 3-4 kisim. – C. 7-17.
6. Inan A. Makaleler ve Incilemeler. II Cild. – Ankara.: 1991. – 418 s.
7. Paksoy H.B. Basmachi Movement from Within: Account of Zeki Velidi Togan // Nationalities Papers. 1996. Vol. 23. № 2. P. 373-399.
8. Zeki Velidi Togan.Considerations sur la collaboration scientifique entre l'Orient islamique et l'Europe // Revue des Etudes Islamiques. – Paris. 1936. Cahier. 3. P.249-271.
9. Togan Z. V. Türkish Qur'an Translation (Куръоннинг туркча таржимаси) // Islam Tedkikleri Enstitusu Dergisi. 1964. S. 19; Togan A. Zeki Velidi Kur'an ve Türkler. – Istanbul, 1971. S. 19-20.
10. Заки Валиди. «Диван» Махтумкули // Шура. Оренбург. 1913. №12, - С.367-360, №14 – С.424-427,№ 13. - С. 393-396, №15. С. 458-460, № 16. – С.468-460, – С.491-494, -№16 С. 491-494,№ 17 – С.622-624, -№17.– С.522-524.
11. Валидов А.З. Письмо на имя редактора // Оренбург. 1913. №23. – С.2-3., 1914. №1. – С.2.
12. Zeki Velidi Togan. Ibn Haldun'un nazarinda Islam hükümetlerinin istikbali // Bilgi. Istanbul. 1914. Sayi 7. S.733-743.
13. Валидов А.З. Новые произведения о Востоке // Юлдуз. Казань. 1914. №1296, 1339. 21 октября, 31 декабря. №7. – С.199-201.
14. Валидов А.З. Лотфый һэм анын Диваны // Йолдыз. Казань. 1914. №1320, 1322, 1326, 1336. 4, 7,12,26 декабрь.
15. Zeki Velidi Togan. Ibn ul-Fakih'in yeni nushasi // Türk Yurdu. Ankara. 1924. Sayi 4. S.297-304.
16. Zeki Velidi Togan. Notices sur les manuscrits decouverts dans les bibliotheques de Kaboul et Meshed (Қобул ва Машҳад кутубхоналаридан топилган қўлёзмалар) // Journal Asiatique. Paris. 1924. №1., №4.

17. Zeki Velidi Togan. Türk destanənən tasnifi // Atsəz Mecmua. Istanbul. 1931.Sayэ 1. S.4-5; Sayэ 2. S.27. S.1. S.4-6; S.2. S.27 - 30; S.3. S.61-66; S.6. S.99-103.
18. Zeki Velidi Togan. «Divan-i Lugat ut-Türk» ün telif senesi hakkinda // Atsiz Mecmua. Istanbul.1932. № 16. S.77-78.
19. Zeki Velidi Togan. Mahmut Kašgari'ye ait notlar // Ibid. 1932. Sayi 17. S.133-137 (Заметки о Махмуде Кашгари) // Atsiz Mecmua. Istanbul. № 17. –C.133-137.
20. Zeki Velidi Togan. On Mubarakshah Ghuri // Bulletin of the School of Oriental Studies. London. 1932. Vol.6. Part 4. P.847-868.
21. Zeki Velidi Togan. Der Islam und die geographische Wissenschaft (Ислом ва география фани) // Hettners Geographische Zeitschrift. Heidelberg. 1934. Heft 10. S.361-372. Islam and the Science of Geography // Islamic Culture. Hyderabad. 1934. October. P.611-627.
22. Zeki Velidi Togan. On yedi kumalti šehri ve Sadri Maksudi Bey. Istanbul. 1934. 62 s. - (Türkistan Bilik. №3).
23. Zeki Velidi Togan. Die Reiseberichte Ibn-Fadlans (Ибн Фадланнинг «Саёҳатнома» қўлёзмаси) // Geistige Arbeit. Berlin. 1939. №19. 6. Oktober.
24. Zeki Velidi Togan. Goethe'nin Šarki duyušu (Гётенинг шарқни англаши) // Yücel. Istanbul. 1939. Sayi 66. S.3-9.
25. Zeki Velidi Togan. Ibn Fadlan's Reisebericht: (Ибн Фадлан «Саёҳатнома»си) Leipzig. 1939. XLIX, 336 S., 46 S. orient. Pag. (Ab- handlungen fiir die Kunde des Morgenlandes. Bd. 24, 3).
26. Zeki Velidi Togan. Birunis Picture of the World. (Берунийнинг жаҳон харитаси) New Delhi. 1940. X, 142 p. - (Memoirs of the Archaeological Survey of India. Vol. 63).
27. Zeki Velidi Togan. Bugunki Türkili (Türkistan) ve yakim tarihi. (Бугунги Туркистон ва унинг яқин тарихи) Istanbul. 1947. Cilt 1: Bati ve Kuzey Türkistan. XII, 696 s., 2 harita, 1 var. ilave. - (Türkili (Türkistan) Bilik. № 2).
28. Prof. Zeki Velidi Togan. Hatiralar: Türkistan ve diger Müsülman Dogu Türklerinin milli varik ve kültü mücadeleleri. (Хотиралар. Шарқ ва бошқа мусулмон халқларининг

Туркистон миллий мустақиллиги ва миллий маданияти учун кураши) Istanbul. 1969. 646 s.
29. Prof. Zeki Velidi Togan. Tarihte usul. 4. Bash, Istanbul. 1986. XXX, 360 s.
30. Tunser Baykara. Ahmet Zeki Velidi Togan Türk Buyukleri dizisi: 110, Ankara: 1989.230 c.
31. Валидов А.З. Научное сотрудничество между мусульманским Востоком и Европой // Иш. Стамбул. 1960. Т.26. №7,9,12 См. также № 124, 226, 377.
32. Насыров И. «Запад и исламский мир в философии истории Заки Валиди Тогана: проблема национальной и культурной идентичности в условиях глобализации». // Ишрак. 2010. №2.
33. Самойлович А.Н. Материалы по среднеазиатско-турецкой литературе // ЗВО Русского общества. Пг.: 1915. – Т.22 – С. 127-153.
34. Диваев А. Последние дни Худояр-хана // Туркестанские ведомости. 26 января.
35. Бартольд В.В. Османская печать в Турции // Мир ислама. -1912. –Т.1. №1. – С.703-704Т.1, №1. 1912. вып. 8. – С.703-704; Школьный вопрос в русском мусульманстве // Мир ислама. – Санкт - Петербург.: 1913. – Т.11 №8. – С.526.
36. Кононов А.Н. Слово о Юсуфе из Баласагуна и его поэме «Кутадгу билиг» // Советская тюркология.1970. №4. –С.9-10.
37. Salihov A. Ahmet Zeki Velidi Togan Bibliografyasi // Türk Dunyasi Aras'tirmalari. – Istanbul: 1994. – S. 209-230.
38. Кульшарипов М.М., Юлдашбаев А.М. Заки Валиди как политик и ученый-востоковед. – Уфа, 2010.
39. Хусаинова Г. А. –З Валиди Тоган // Ватандаш. 2000. №12.
40. Юлдашбаев А. Ватандаш. Заки Валиди как политик, ученый и патриот. // 2009. №9.
41. Протокол Общего годичного собрания от 18 марта 1913 года // Известия Общество археологии, истории и этнографии. – Казань, 1914. – С.14.

42. Prof. Zeki Velidi Togan. Zentralasiatische türkische Literaturen. II: Die islamische Zeit // Hadbuch der Orientalistik. Leiden-Koln. 1963. Abteilung 1. Bd.5. Abschnitt 1. S.229-249.

43. Prof. Zeki Velidi Togan. Eski Türk ve Mogollarin haritalari ve haritaciligi meselesine dair notlar // Kopuz. – Istanbul. 1966. Sayi 5. S.164-169, 1 harita.

44. Ахмедзаки Валиди Тоган. Не сочтите за пророчество…(письма, обращения, выступления) Перевод и составление А.М.Юлдашбаевым. –Уфа: «Китап», 1998. – С.192.

45. Ахметзаки Велиди Тоган. Сочинение. Произведение, написанное до 1917 года (на башкирском языке). Составление А.Салихова. – Уфа: «Китап», 1999. – С.190-191.

46. Байкара Тунджер. Заки Валиди Тоган. – Уфа: «Китап». 1998. – С.328.

47. Салихов А. Сочинение Ахмет Зеки Валиди Тогана (на башкирском языке). – Уфа. 1996. – С.199.

48. Салихов А.Г. Научная деятельность А.Валидова в России. – Уфа, «Гилем». 2001. – С.165.

49. Валиди А.З. Наше национальное духовное богатство. // Юрт. №1, – Коканд: 1917.

50. Юлдашбаев А.М. Известный и неизвестный Заки Валиди (в памяти своих современников). – Уфа, «Китап». 2000. – С.320.

51. Юлдашбаев А.М. Историк, вошедший в историю: политическая и научная деятельность профессора Стамбульского университета Ахмед Заки Валиди Тугана. – Уфа, «Китап», 1992. – С.78.

52. Иванов С.Н. Николай Федорович Катанов (очерк жизни и деятельности). Изд-е 2-е. – Москва.: Наука, 1973.

53. Кучумов И.В. Башкирское национальное движения 1917-1920 гг. и А.Валиди. – Уфа, «Гилем». 1997. – С.163.

54. Binyon and Wilkinson, Persion miniature Painting, London, 1933, S. 106-109.

55. Ivan Stchoukine in Journ. Fsiat. T. 226, 1935, S.129-132.

56. Prof. Zeki Velidi Togan. Das Ozbekishe Epos Chan – name. // Sentral Asiatic Journal. Leyden. 1955. T.1. № 2. – C.144-156.
57. Blochet. E. Introduction alnistoire des Mongols de Fade – Allah Rachid-ed-din. Leiden 1910. P.61.
58. D'ohsson C. Histoire des Mongols. Paris, 1834, II. P. 108-109.
59. Ишбердина Г. Становления религиозных воззрения Ахметзаки Валидова // Ватандаш. 2000. №11.
60. Prof. Zeki VelidiTogan. Из истории культурных связей между Туркестаном и бассейном Волги // Ени Туркестан. №2-3. – C.25-30.
61. Prof. ZekiVelidi Togan. Из истрии культурных связей между Туркестаном и бассейном Волги // Ени Туркестан. №2-3. – C.25-30.
62. Херман A. Dive altesne fiivkische welt karte vom 1076 n CHr. Mm «Jmago Munli» 1, 1935, P. 21-28.
63. Ord. Prof. A.Z.V. Togan. Ibn al-FokihinTurklere aid haberleri. // Beleltter. – Ankara: 1948.- N 45,- s. 11-16; Prof. Muhammed Shafi Prezentation volume.- Lahore: 1955.P.105-113.
64. Prof. Zeki Velidi Togan. Hwarezmische Satze in einem arabischen Fiqh-Werk (Хорезмийские предложения в арабском сочинении по фикху) // Islamica. – Lipsage. 1927. Vol.3. Fasc. 2. S. 190-213. (на немецком языке).
65. Prof. Zeki Velidi Togan. XXII Müsteşrikler Kongresi // Zafer. - Ankara: 6 Kasim; 1951'de Istanbul'da toplagan Milletlerarasi XXII. Müsteşrikler Kongresi ve ona ait intibalar. – Istanbul: 1953. - 60 s., 2 foto Kapapinda; 1951'de Istanbulrda toplanan Milletlerarasi XXII. Müsteşrikler Kongresi mesaisi ve akislerie.
66. Karahanlilar tarihine ait bazi kayitlar // Türk Yurdu. Ankara. 1966. Cilt 6. Sayi 1 (329). S.7-10.
67. Prof. Zeki Velidi Togan. Zentralasiatische türkische Literaturen. II: Die islamische Zeit // Hadbuch der Orientalistik. Leiden-Koln. 1963. Abteilung 1. Bd.5. Abschnitt 1.S.229-249.
68. Вамбери Г. История Бухары. Санкт-Петербург .1873. T.I. – C. 89-97.

69. Григорян. С.Н. Из истории философии Средней Азии и Ирана VII – XII вв. Москва.: изд-во АНСССР, 1960. – С. 330.
70. Фролова. Е. А.Проблема веры и знания в арабской философии. Москва.: Наука, 1983. – С.169.
71. Степанянц М.Т. Философские аспекты суфизма. Институт философи. – Москва.: Наука, 1987. – С.190.
72. ЗакуевА. К.Философия «Братьев чистоты». Баку: изд-воАН АзССР, 1961. – С.122.
73. Григорян. С.Н. Из истории философии Средней Азии и Ирана VII – XII вв. Москва.: изд-во АН СССР, 1960. – С.330.
74. Бартольд. В.В. Работы по истории ислама и арабского халифата. – Москв.: Наука, 1966. – Б.150.
75. Ibragim Taufic. Classical Islamic philosophy. M. Publisher. 1990. Фролова. Е.А. История средневековой арабо-исламской философии. Москва. 1995. Sharif M.M. History of Muslim fhilosophy. T.2. Wiesbaden. 1963.
76. Zeki Velidi. Islam and the Science of Geography // Islamic Culture. Hydarabad: 1934. October. P. 511-527.
77. عبدالحليم:"موقفالإسلامممنالفنوالعلموالفلسفة" محمودعبدالحليمالإمامهاللهفبالعارل.
سنة،الشعبدار،القاهرة 1979 م 52-53 ص,
78. A.Z.V. Togan. Über die Bevölkerungsdichte Zentralasiens im Mittelalter // Wirtschaft und Kultur: Festschrift zum 70. Geburtstag von Alfons Dopsch. Wien-Leipzig. 1938. S.424-433.
79. A.Z.V.Togan. Berunis Picture of World. – New Delhi: 1940, 142 p.
80. A.Z.V.Togan. Die Nordvulker bei Biruni // Zeitschrift der Deutschen Morgenlandischen Gesellschaft. Leipzig. Bd. 90. Heft 1. S.38-51.
81. Валидий А.З. Не сочтите за пророчество… - Уфа, «Китап». 1998. – С.170.
82. Prof. Zeki Velidi Togan. Biruni // Ibid. 1943. S.635-645.
83. Фуад Кепрюлюзаде. Новые исследования в сфере тюркологии. // Хаят. – Анкара. 1926. № 1. – С.3.
84. Prof. Zeki Velidi Togan. Al-Biruni ve hareke-i arz // Ibid. 1954. S.90-94.

85. Арабларнинг иккита кема капитани Шаҳобиддин Аҳмад ибн Мажид (1466-1495) ва Сулаймон ибн Аҳмад ал-Махрий (1511-1512)лар хушманзара ороллар дунёсини мисолларсиз батафсил ёзганлар. (уларнинг асарлари ҳақида: Г.Ферранд, p. 485., 660-661 ва уларнинг Ислом энциклопедиясидаги мақолалари Вд. IV, 372, 389-396 гача) уларнинг ишларини турк кемаси капитани Саидий Али тўлдирган ва фойдаланган (бу ҳақида К.Зюнхайм, Ислом энциклопедияси Вд.1, 301-302).
86. Prof. Zeki Velidi Togan. Über die Sprache und Kultur der alten Chwarezmier // Der VIII. Deutche. Orientalistentag zu Bonn. 1936. S.27-30.
87. Игнатенко А.А. Ибн-Хальдун. – Москва. «Мысль». 1980.– С.32.
88. Антонов И Башкиры в эпоху кипчакской экспансии в VIII–XI вв. // Ватандаш. 2011. №7.
89. Валидов А.З. Андижан г. Мирзо Бабур. «Бабур-наме». // Иль. Санкт-Петербург.: 1914. 1, 22, 29 март.
90. Janski H. «Deutsche Orientalistishe Literealistische Literaturzeitung», 1931. S.488.
91. Юлдашбаев А.М. Из переписки выдающихся востоковедов. // Ватандаш.– Уфа: 2000.- № 6.
92. Prof. Zeki Velidi Togan. Eftalit devletini teykil eden kabilelere dair // Ibid. 1985. S.59-65.
93. ص 56- المصدرالسابق،
94. Prof. A. Zeki Velidi Togan. Kur'an ve Turkler. Islam Sarki ili Garp arasindaki ilmi isbirigi. – Istambul. 1971.
95. Prof. Zeki Velidi Togan. Kembric Musterikler Kongresinde Islam ve Türk bilgileri // Türk Yurdu. Istanbul. 1955. Sayэ 242. S.660-664.
96. Толкование Священного КОРАНА «Облегчение от Великодушного и Милосердного» шейха Абдуррахмана ас-Сади (1307-1376 г.х.). / Перевод толкования Э.Р.Кулиева. / Смысловой перевод аятов Корана основан на переводе М.-Н. О. Османова. / Баку, июнь. 1999 г.
97. Бюкай М. Библия, Коран и наука. Украина, Киев. «Ансар Фаундейшн», 1998. – С.117.

98. Hourani G.F. Averroes on the Harmony of religion and Philosophy. London, 1961. P.50.
99. Bartold W. Ein Denkmal aus der Zeit der Verbraiting des Islams in Mittelasien (Памятник из Средней Азии, относящийся ко времени распространения ислама) // Asia Major. II. Fasc.I. 1925. S.125-127.
100. Боровков А.К.Опубликовал следующие работы: Ценный источник для истории узбекского языка // Известия АН СССР. Отд. лит. и яз. Т. VIII, вып. I. 1949. С.67-76; Из материалов для истории узбекского языка // Тюркологический сборник. Т. I. – Москва.: Л., 1951. С.73-79; лексика Средниазиатского тефсира XII-XIII вв. М., 1963. – С.368.
101.Inan A. Kur'an Kerim'in Türçeye En Eski Tercümeleri // Makaleler ve Incilemeler. – Ankara. 1981.

## 8. Архив манбалари
1. ЦГА РУз., Ф. 71, оп. 1. 22а – 67лл. Рукопись Валидова к монографии по истории Кокандского ханства до середины XVIII в.
2. ЦГА РУз., Ф. 34. оп. 1. д. 2633. Наркомпрос. Переписка с акад. Центром и переписка с госиздатом.
3. ЦГИА. РБ. Ф.Р-4947., оп. 1 д. 2633.л.1, 2. (фонд А.З.Валидова).
4. ЦГИА РБ. Ф. 4917. (Фонд А.З. Валидова).

## 9.Интернет материаллари
1. http://lib.rus.ec/b/285033/read Новая философская энциклопедия. Том второй.
2. e-tarix.uz. IX–XII асрларда ўғузлар.
3. muslimphilosophy.com
4. www.islom.uz

Аҳмад Заки Валидий томонидан топилган Марказий Осиё халқлари фалсафаси тарихига оид нодир асарларининг 4 та давр (IX-XII асрлар, XII-XV асрлар, XVI-XVIII асрлар, XVIII-XIX асрлар)дан иборат хронологик таснифи

1- давр IX-XII асрлар

1. Восточно-тюркский язык Замахшари и его «Мукаддиматуль-Адаб» // Тюркият Меджмуасы. Стамбул. 1965. Т.14. С.81-92, 1 табл.

2. Ibn Fadlan's Reisebericht. Genehmigter Nachdruck. Lichtenstein. 1966. XXXIV, 338 S., 46 S. orient. Pag. - (Abhandlungen fer die Kunde des Morgenlandes. Bd.24.

3. Biruni's Picture of the World. New Delhi. 1940. X, 142 p. - (Memoirs of thc Archaeological Survey of India. Vol. 53).

4. Хорезмийский перевод «Мукаддимат аль-адаб». Стамбул. 1951. 44 с, 134 л. текст. - (Хорезм Кюльтюрю Весикалары. Кысым 1). - (Тарихи Ме-вад. Бююк Кол Серией. № 1).

5. О происхождении Сефевидов // Мелянж Луи Масиньон. [Дамаск]. 1953. Т.3. С.345-357.

6. О некоторых древних легендах в дастане о Кероглу // Тюрк Юрту. Анкара. 1966. Т.5. №7 (325). С. 10-13.

7. Хәлфиннәр / I Шура. Оренбург. № 3. Б.67 72; № 4. Б.105109; № 5. Б.138., Семья Халфиных // Шура. Оренбург. №3. С.67-72; №4. С.105-109; №5. С.138-141.

8. Новая рукопись Ибн уль-Факиха // Тюрк Юрту. Анкара. 1924. № 4. С.297-304.

9. Мешхедская рукопись Ибн уль-Факиха // Известия Российской Академии наук. Л. Сер.6. 1924. Т.18. С.237-251.

10. Заметки о рукописях, обнаруженных в библиотеках Кабула и Мешхеда // Журналь Азиатик. Париж. 1924. № 1. С.149-151.

11. Хорезмийские предложения в арабском сочинении по фикху // Исламика. Лейпциг. Т.3. 1926. Вып.2. С.190-213.

12. К проблеме исповедания христианства огузами // Тюркият Меджмуасы. Стамбул. 1926. Т.2. С.61-67.
13. Древнетюрские произведения, написанные в Хорезме // Тюркият Меджмуасы. Стамбул. Т.2. С.315-346.
14. О дате создания «Дивану люгат ит-тюрк» // Атсыз Меджмуа. Стамбул. 1932. №16. С.77-78.
15. Ислам и географическая наука // Hettners geografik Saytshrift. Гейдельберг. 1932. Вып. 10. С.361-372 См. также № 121.
16. Аль-Бируни о северных народах // Цайтшрифт дер Дойчен Морген-лендишен Гезеллынафт. Лейпциг. 1936. Т. 90. Вып.1. С.38-51.
17. Мечи германцев по арабским источникам 9-11 веков // Ibid. 1936. С. 19-37.
18. О языке и культуре древних хорезмийцев // Дер VIH Дейче Ориенталистентагцу Бонн. Бонн. 1936. С.27-30.
19. Бартольд В. Двенадцать лекций по истории турецких народов Средней Азии / Немецкий перевод Т.Менцеля: [Рецензия] // Ориенталише Литературцайтунг. Лейпциг. 1936. №8/9.
20. Die Reiseberichte Ibn-Fadlans // Geistige Arbeit. Berlin. 1936. № 19. 5. Oktober.
21. Заметки о проблеме карт и картографии у древних тюрков и монголов // Копуз. Стамбул. 1939. №5. С.164-169, 1 карта.
22. «Книга путешествий» Ибн Фадлана. Лейпциг. XTJX, 336 с, 46 с. вост. паг. 1939. См. также №332.
23. Turklerde urug bilgisi // Bozkurt. Estanbul. 1940. №5 Генеалогия у тюрков // Бозкурт. Стамбул. № 5
24. Umumo Turk tarihine methal. Estanbul. 80 s. - (Tamamlanmameu) Введение во всеобщую историю тюрков. Стамбул. 1940. 80 е.
25. Archivum. Budapest. Bd. 3. Heft 1. S.40-76 Народы Хазарского государства в 9 веке // Кёрёши Чома Архивум. Будапешт. 1940. Т.3. Вып.1. С.40-76
26. Tarihte usul. Estanbul. XXII, 373 s. - (Turk Araютərmalarə. №1)

Методология исторических исследований. Стамбул. XXII, 373 с. –

27. XXII Международный конгресс востоковедов 1951 года в Стамбуле и впечатления о нем. Стамбул. 1953. 60 с, 2 фото

28. Трактат аль-Бируни «Рассказ о том, как жители Индии определяют продолжительность жизни» // Ibid. 1953. Приложение. 16 с.

**2- давр XII-XV асрлар**

1. Великий тюркский поэт Алишер Навои // Тасвири Эфкяр. Стамбул. 1941. 10, 15, 23 февраля, 4 марта

2. Ali Shir // Ibid. 1941. S.349-357., Алишер // Ibid. 1941. С.349-357

3. Вопрос об Алишере Навои: Ответ д-ру Ризе Нуру // Тасвири Эфкяр. Стамбул. 1941. 15 мая.

4. Төрек ханнары // Идель. Астрахань. №213. 19 декабрь Тюркские ханы // Идель. Астрахань. №213. 19 декабря.

5. Haldun'un nazarenda Islam hukumetlerinin istikbali // Bilgi. Istanbul. Sayэ 7.S. 73 3-743.

6. Лютфи и его «Диван» // Юлдуз. Казань. №1320, 1322, 1326, 1335, 4,7, 12, 25 декабря.

4. Кыскача төрек татар тарихы (Рәсемнәр илә). Казан. Беренче щөзэ. TV.136 6.

5. Тышлыкта: Кыскача рәсемле төрек-татар тарихы Краткая история тюрко-татар (С иллюстрациями). Казань. Ч. 1. IV, 136 с.

6. Восточные рукописи в Ферганской области // Записки Восточного Отделения Императорского Русского Археологического Общества. Пг. Т.22. С.303-320.

7. Национальные черты в тюркских легендах // Turk Yurdu. Анкара. Т.3. 1925. № 14. С.134-147.

8. Классификация тюркского эпоса // Атсыз Меджмуа. Стамбул. 1931. №1. С.4-5; №2. С.27-30; №3. С.51-55; №5. С.99-103 110.

9. On Mubarakshah Ghuri // Bulletin of the School of Oriental Studies. London. 1932. Vol.6. Part4. P.847-858.

10. О занесенных песком городах Средней Азии // Биринджи Тюрк Тарих Конгреси Забытлары. Стамбул. 1932. С.369-376.

11. Исследование по генеалогии эмира Тимура // Тарих Дергиси. Стамбул. 1972. №26. С.75-84

12. Отношение Тимур-бека к исламу // Атсыз Меджмуа. Стамбул. 1932. № 13. С.7-11

13. О научном сотрудничестве между мусульманским Востоком и Европой // Ревю де Этюд исламик. Париж. Вып.3. С.249-271 См. также 214, 225, 377.

14. Гробница Тимура // Чиналралты. Стамбул. 1941. №2.

15. Baysungur Mirza, hayatə ve eserleri // Gyokbyryo. Istanbul: № 1-2 Байсунгур Мирза: его жизнь и творчество // Гёкбёрю. Стамбул. 1942. № 1-2.

16. Термины, обозначающие «внешних» тюрков // Ibid. 1942. № 1. С.2-4 .

17. Попытки создания местных «национальных» органов среди тюрков и тюркское национальное единство// Ibid. 1942. №8. С.245-251.

18. Ibn Khaldun. The Muqaddimah. Trans. from Arabic by F.Rosenthal: [Tenkit] // Islam Tetkikleri Enstitusu Dergisi. Estanbul, 1959-1960. Cilt 3. S.249-251.

19. Baysungur // Ibid. S.428-430 Байсунгур // Ibid. 1943. С.428-430.

20. Уйгурская надпись Тимур-бека // Чиналралты. 1943. Стамбул. №117.

21. Как в истории тюрков осуществлялось национальное единение? // Тюрк Юрту. Стамбул. 1943. Т.27. №1-2. С.1-8.

22. Тимур и султан Баязит Молниеносный // Тасвир. Стамбул. 1948. 24 мая, 1, 7, 14, 18 июня.

23. Великий тюркский правитель Шахрух // Истанбул Университеси Эдебият Факюльтеси Тюрк Дили Ве Эдебияты Дергиси. Стамбул. 1949. Т.3. №3-4. С.520-538.

24. Некоторые рукописи в библиотеках Турции // Ислам Теткиклери Эн-ститюсю Дергиси. Стамбул, 1956-1957. Т.2. №1. С.59-88.

25. Timur's Campaign of 1395 in the Ukraine and North Caucasus // The Annals of the Ukrainian Academy of Arts and Sciences in the US. New York. Vol. 6. №3-4(21-22). P.1358-1371.
26. Timurs Osteuropapolitik // Zeitschrift der Deutschen Morgenlandischen Gesellschaft. Wiesbaden. Bd.108. Hey 2 (Neue Folge Bd. 33). S.279-298.
27. Чагатайский язык и образцы тимуридских миниатюр в индийских рукописях тереганских библиотек // Беллетен. Анкара. Т.24. № 95. С.441-445.
28. Timur // Urdu Encyclopedia of islam. Lahore. Vol.4. Fasc.15.                           P.919-943
29. Газан-хан Халиль и Ходжа Бахаддин Накшбенд // Oriental College Magazine. Lahore. May. P. 191-199.

**3- давр XVI-XVIII асрлар**
1. Ислам дөньясында // Идея. Хажитархан. № 215,216. 25, 29 декабрь., В мире ислама // Идель. Астрахань. №215,216. 25, 29 декабря.
2. Kazan Hanləpənən son gunleri // Turk Yurdu. Istanbul. Saуэ 7. S.575-580., Последние дни Казанского ханства // Тюрк Юрту. Стамбул. № 7. С.575-580.
3. Диваны Мехтумколый // Шура. Оренбург. №12. В.357-360; №13. С.393-395.
4. Диваны Мэхтумколый: Мэхтумколыйның эшгаренə курсəткеч // Шура. Оренбург. №14. Б.424427; №15. Б.458-460; №16. Б.491-494; №17. Б.522-524
5. Кто ты по национальности? // Мектеп. Казань. №7. С.179-183 См. также № 423
6. Мəдрəсəлəребез хакында // Мəктəп. Казан. № 2. Б.35 38.
7. Шəрыкка гаид яңа гсəрлəр // Шура. Оренбург. № 6. Б.174-175; № 7. Б.199 201; №9. Б.267-268; №10. Б.307-308 Новые произведения о Востоке//Шура. Оренбург. №6. С.174-175; №7. С.199-201; №9. С.267-268; №10. С.307-308.
8. Некоторые данные по истории Ферганы XУШ-го столетия // Протоколы заседаний и сообщения членов Туркестанского кружка любителей археологии. Ташкент. Год 20. Вып.2. С.68-118.

9. Культура древних кючанцев в Восточном Туркестане // Ени Туркестан. Стамбул. 1926. №7 С.29-38.
10. Рецензия «Дивана» Махтумкули в издании шейха Мухсин-и Фани // Тюркият Меджмуасы. Стамбул. 1928. Т.2. С.466-474
11. Предки Османов в Средней Азии // Цайтшифт дер Дойчен Морген-лендишен Гезелльшафт. Лейпциг. 1941. Т.95. Вып.З. С.367-373.
12. Hondamir // Ibid. 1948. S.210-211
13. Haydar Mirza // Ibid. 1948. S.388.
14. Научное сотрудничество между мусульманским Востоком и Европой // Иш. Стамбул. 1949. Т.26. № 7, 9, 12 См. также № 124, 225, 377.
15. Узбекский эпос «Хан-наме» // Сентрал Азиатик Джорнал. Лейден-Висбаден. 1953. Т.1. №2. С.144-156.
16. Христианство и ислам в свете религиозных документов, обнаруженных у Мертвого моря // Ислам. Анкара. 1953. Т.1. №11. С.25-26.

**4- давр XVIII-XIX асрлар**

1. Мо*рат* эфәнде «Тарихы» вә галләмәи Мәрзҡани // Идель. Астрахань. № 124, 125. 30 гыйнвар, 3 февраль.
2. Профессор Вартольдның безнең арамызда булуы. мөнәсәбәте илә // Вакыт. Оренбург. №1224,1225. 13,15 июнь., К пребыванию у нас профессора Бартольда // Вакт. Оренбург. № 1224, 1225. 13, 15 июня.
3. Тел һәм әдәбиятымызга гаид яңа хезмәтләр // Йолдыз. Казан. №973, 23,28 апрель
4. Новые работы о нашем языке и литературе // Юлдуз. Казань. № 973, 975. 23, 28 апреля
5. Анализ «Шурале» Тукая // Мектеп. Казань. №4. С.116-120.
6. Мәдрәсәләребезнең тарихына бер нәзар // Шунда у к. № 3. Б.78-81 Взгляд на историю наших медресе // Там же. №3. С.78-81.
7. Выдающееся произведение Шихаба [Марджани] по истории Средней Азии//Анг. Казань. №4. С.74-78.

8. Ходаяр ханның соңгы көннәре. Казан. 32 б. Последние дни Худаяр-хана. Казань. 32 с.
9. О собраниях рукописей в Бухарском ханстве: (Отчет о командировке) // Записки Восточного Отделения Императорского Русского Археологического Общества. Пг. Т23. С.245-262.
10. Туркестан // Знамя борьбы. Берлин. 1925. №9-10. С.14-18.
11. О названии, границах и территории Туркестана // Ени Туркестан. №5-6. С.30-35 См. также 1926. № 287 -L2
12. Turkistan iktisadiyatənda «yerli» ve «Rus» noktai nazarlare ve «Arəю Simi hatə» // Ени Туркестан. 1926. Sayэ 4. S. 15-21
13. «Местная» и «русская» точки зрения в экономике Туркестана и железнодорожная линия Арысь – Семипалатинск // Ени Туркестан. 1926. №4. С. 15-21
14. Turkistan meselesi // Yine orada. Sayэ 1. S.2-8 Туркестанский вопрос / Ени Туркестан. 1926. № 1. С.2-8 См. также № 81
15. Das turkistanische Problem // Deutsche Rundschau. Berlin. S.24-29.
16. Turkistan ve Edil havzasənən medeno mьnasebetleri tarihinden // Yine orada. 1926. Sayэ 2-3. S. 25-30
17. Из истории культурных связей между Туркестаном и бассейном Волги // Yine orada. 1926. №2-3. С.25-30
18. Turkistan'en istiklal harekatəna karye Buhara Emiri // Yine orada. Sayэ 5-6. S.2-8 Эмир Бухары против движения за независимость в Туркестане // Yine orada. 1926. №5-6. С.2-8
19. Turklerde hars buhranə // Turk Yurdu. Ankara. Yine orada Sayэ 24. S. 495-509.
20. Кризис культуры у тюрков // Тюрк Юрту. Анкара. Yine orada №24. С.495-509
21. Стихотворения Шайбак-хана // Ени Туркестан. Стамбул. Yine orada №1. С.22-25.
22. Два произведения о политической истории турков 18-19 веков // Ени Туркестан. Стамбул. 1928. №4(16). С.38-44.
23. Проблема воинской повинности в Туркестане // Ени Туркестан. 1928. №9. С. 1-6

24. Краткое изложение содержания научных изданий в Туркестане периода русской революции // Тюркият Меджмуасы. 1928. С. 599-620.

25. Туркестанский вопрос // Дойче Рундшау. Берлин. 1930. С.24-29.

26. Чего ждут от нас народы Турана // Левант. Будапешт. 1931. № 22-24. С. 14-109.

27. Goethe'nin Sarke duyushu // Yucel. Estanbul. Sayэ 55. S.3-9 Гетевское воспритие Востока // Юджель. Стамбул. 1939. №55. С.3-9.

28. Положение в Туркестане между 1929 и 1940 годами. Стамбул. 1940. 44 с. -(Туркестан-Билик. № 4).

29. Bugunku Turkistan ve yaken mazisi. Kahire. 710 s. Современный Туркестан и его недавнее прошлое. Каир. 1940. 710 с. См. также №192, 382.

30. Гёте и Восток // Тасвир. Стамбул. 1949. 29 августа.

31. Издания по тюркской и восточной культуре // Там же. 12 мая, 3 июня Universitemiz ve solcular // Komьnizme Karюэ Mьcadele. Estanbul. 1950. Sayэ 1. 1 Apustos

32. Воспоминания: Борьба туркестанцев и других тюрков мусульманского Восtока за свое национальное существование и культуру. Стамбул. 1969. 646 с.

33. Qur'an and the Turks // International Islamic Conference. Islamabad. 1970. Vol. 1. P.36-39.

**МУНДАРИЖА:**
КИРИШ..................................................................................
..........................

**I.БОБ. АҲМАД ЗАКИ ВАЛИДИЙ ТЎҒОН ЯШАГАН ДАВРНИНГ МУТАФАККИР ДИНИЙ-ФАЛСАФИЙ ИЖОДИГА ТАЪСИРИ**..................................................................
................

1.§ Аҳмад Заки Валидий яшаган даврда ижтимоий-сиёсий вазият.............................................................................
..................

2. § Аҳмад Заки Валидийнинг диний-фалсафий меросининг илдизлари.....................................................................
....................

3. § Аҳмад Заки Валидийнинг ислом манбашунослигидаги янги топилмаларининг илмий-фалсафий тадқиқи..................................................

**II.БОБ. АҲМАД ЗАКИ ВАЛИДИЙ ИЖОДИДА ШАРҚ ВА ҒАРБ МУТАФАККИРЛАРИ ДИНИЙ-ФАЛСАФИЙ ТАЪЛИМОТИНИ АКС ЭТИШИ**....................................................................
......................

1. § Аҳмад Заки Валидий асарларида Шарқ ва Ғарбнинг маънавий-маданий ва диний-фалсафий мулоқоти таҳлили..............................................

2. §Аҳмад Заки Валидий томонидан Абу Райхон Берунийнинг илмий-фалсафий меросининг ўрганилиши.........................................................

3. § Аҳмад Заки Валидийнинг Ибн Халдун диний-фалсафий қарашларига муносабати................................................................................
.........................

**III.БОБ. ШАРҚ ИСЛОМШУНОС ОЛИМЛАРИ МЕРОСИНИ АҲМАД ЗАКИ ВАЛИДИЙ ТОМОНИДАН ТАДҚИҚ ЭТИЛИШИ..................**

1. § Шарқ исломшунос олимлари меросини Аҳмад Заки Валидий томонидан тадқиқ этилишининг ўзига хос хусусиятлари...................

2. § Аҳмад Заки Валидий Қуръони Карим ва миллий-маънавий тафаккур тараққиёти ҳақида.................................................................

3.§ Аҳмад Заки Валидий асарларида миллий ўзликни англаш муаммосининг ёритилиши ва унинг бугунги кундаги аҳамияти.............................................

**ХУЛОСА**.................................................................
........................

**ФОЙДАЛАНИЛГАН АДАБИЁТЛАР РЎЙХАТИ**......................................
**ИЛОВА**...........................................................................
.......................

www.ingramcontent.com/pod-product-compliance
Lightning Source LLC
LaVergne TN
LVHW021238080526
838199LV00088B/4632